KB239831

자아의
　소멸과
흔적의
　　윤리

자아의 소멸과 흔적의 윤리

최병학 지음

한국학술정보㈜

자아의 소멸과 흔적의 윤리

　　포스트모던 해체주의 시대, 곧 사이버스페이스 시대와 이에 동반하여 역설적으로 부각되는 신체성의 시대에, 우리는 무의식의 새로운 장을 그 기본으로 만나게 되고, 나아가 마침내 인류 최후의 시대인 후기 생물사회(post-biological)의 개막을 바라보게 된다. 이때 윤리는 사이버스페이스류의 상상계의 '도덕 해체'이거나, 해체주의류의 상징계의 '제국의 윤리'를 온몸으로 거부하는 것이 아니라, 규정되지 않는, 규정될 수 없는 실재계인 만물 '위/안/통하여' 흔적을 추구하는 깃이다. 곧 자아가 소멸되고 사라진 후, 그 흔적의 상관성을 추구함으로 윤리가 세 빛을 발하는 것이다.

　　이때 비로소 윤리는 포스트모던 해체주의 시대에 인식론적, 존재론적 타당성을 확보할 것이다. 곧 윤리는 사이버스페이스, 무의식과 후기 생물사회를 살아가는 인류에게 드러나는 구체적인 실재계를 그 해명의 장소로 가지는 것이다.

　　그것은 바로 '삶'과 '삶 아닌 것'의 총체적인 장소이다. 그리고 신학의 사명은 그것을 정립하는 데 있다.

> "한 세대는 가고 한 세대는 오되 땅은 영원히 있도다. 해는 떴다가 지며 그 떴던 곳으로 빨리 돌아가고 바람은 남으로 불다가 북으로 돌이키며 이리 돌며 저리 돌아 불던 곳으로 돌아가고 모든 강물은

다 바다로 흐르되 바다를 채우지 못하며 어느 곳으로 흐르든지 그
리로 연하여 흐르느니라. 만물의 피곤함을 사람이 말로 다 할 수
없나니 눈은 보아도 족함이 없고 귀는 들어도 차지 아니하는도다.
이미 있던 것이 후에 다시 있겠고, 이미 한 일을 후에 다시 할지라.
해 아래는 새것이 없나니 무엇을 가리켜 이르기를 보라 이것이 새
것이라 할 것이 있으랴. 우리 오래 전 세대에도 이미 있었느니라.
이전 세대를 기억함이 없으니 장래 세대도 그 후 세대가 기억함이
없으리라"(전도서 1장 4절에서 11절)

실재계는 흔적의 그늘 속에 가만히 앉아 있었으나, 우리는 왜 그리
도 상상계와 상징계를 달렸었는지…

2012년 6월 돌아보니 흔적뿐인 삶의 한가운데서 과거의 흔적을 돌
이키며 현재의 흔적을 발생사적으로 기억해내며 미래의 흔적을 추구
한다. 이 책은 과거의 흔적으로 지금 일본에 계신 김승철 교수님의 흔
적의 결과이다. 해체주의 신학자 마크 테일러를 소개해주시고, 신학적
밑그림을 그려주시었다. 스승님의 학문성을 지켜주지 못한 나약함이
지금도 가슴 한쪽에 남아 아련히 저려오지만, 그 흔적이 지금의 나의
이 책을 만들었다.

현재의 흔적으로는 부산대 윤리교육과 이왕주 교수님의 흔적이 보
여진다. 신학의 우물이 아닌 윤리와 사상, 철학과 영화의 인문학적 흔
적을 내 삶 곳곳에 아로 새겨주시었다. 앞으로의 흔적은 나의 자아와
주체가 소멸되어 흔적의 윤리를 통해 조금 더 나은 삶이 우리에게 다
가오기를 바랄 뿐, 지나가는 바람이 곱다.

최병학

이야기 순서

〈Mark C. Taylor의 저서 약어표 〉

AR: *About religion*(Chicago: The University of Chicago Press, 1999)

AT: *Altarity*(Chicago: The University of Chicago Press, 1987)

CG: *Confidence Games*(Chicago and London: The University of Chicago Press, 2004)

CR: *Critical terms for Religious studies*(Chicago: The University of Chicago Press, 1998)

DC: ed. *Deconstruction in Context: Literature and Philosophy*(Chicago: The University of Chicago Press, 1986)

DF: *Disfiguring: Art, Architecture, Religion*(Chicago: The University of Chicago Press, 1994)

DT: *Deconstructing Theology*(The Crossroad Publishing Co. & Scholar Press, 1982)

ER: *Erring: A Postmodern A/theology*(Chicago: The University of Chicago Press, 1984)

GM: *Grave Matters*(Reaktion Books, Junn 2002)

HI: *Hiding*(Chicago: The University of Chicago Press, 1997)

IM: *Imagologies–Media philosophy*(New York: Routledge, 1994)

JS: *Journey to selfhood: Hegel and Kierkegaard*(California: University of California Press, 1980)

MC: *The moment of complexity*(Chicago: The University of Chicago Press, 2001)

NT: *Nots*(Chicago: The University of Chicago Press, 1993)

PQ: *The Picture in Question*(Chicago: The University of Chicago Press, 1999)

TE: *Tears*(New York: State University of New York Press, 1990)

Ⅰ. 윤리와 장소

1. 문제설정 "윤리가 해명될 장소는 어디인가?"

이 책은 마크 테일러(M. C. Taylor, 1945~)의 해체 신학을 통하여 신과 역사, 책과 자아라는 연쇄망으로 구성되어 온 서구형이상학 담론을 해체하고 그 해체된 흔적을 추구하고자 하는 것이다. 곧 해체 후에 드러나는 흔적이라는 메타포를 통하여 윤리적인 사유를 추구하는 것이다.

흔적을 통하여 윤리적인 사유의 가능성을 추구하는 것은 포스트모던 문화 전반을 분석하여 그 문화 전반에 숨겨져 있는 흔적이 윤리적인 함의를 가진다는 것을 밝히는 것이다. 이러한 작업은 흔적을 사유하였던 학자들을 통시적으로 다루며 그들의 흔적에 관한 부정적인 측면, 혹은 긍정적인 측면들을 드러내고, 흔적이라는 메타포가 존재론적인 신체성과 인식론적인 장소의 영역에서 어떻게 윤리적인 의미를 지니는지를 추구할 것이다. 나아가 무의식과 사이버스페이스, 로봇 공학에 이르기까지 윤리학의 존재 가능성을 흔적이라는 메타포로 제시하려는 것이다.

그렇다면 "윤리가 해명될 장소는 어디인가?"라는 물음은 중요한 문제설정이다. 우리 인간의 신체성이라는 관점에서 타자의 신체성에 대한 존중으로 윤리적 당위는 신체성에서 해명되는가? 그렇다면 공간 속에 놓여 있는 우리 육체의 위치나 자세(신체성)를 통해 제약[1])에 대

---

1) 가령 위와 아래의 개념, 좌우나 동정(動靜), 일어섬과 누움, 기기와 뛰기, 잠과 깨어있음, 삼키기와 토하기,

한 존재론적 보편 개념을 상정한 에코(Umberto Eco)의 말은 타당하다.

인간의 인식에 있어서도 이러한 제약의 가능성을 포착한 들뢰즈 (Gilles Deleuze)는 인간이 생존을 위해서 제약의 개념을 만들어냈다고 이야기하며 '생존과 실용성의 원칙'을 통해 제약의 역할을 하는 인간 인식의 구조로써 뇌를 영화의 스크린으로 비유한다.[2]

즉 제약이란 존재론적으로도 가능하지만 인식론적으로 밀접한 관련이 있는 것이다. 그렇다면 존재론적으로 공간을 점유하는 것으로서의 신체성, 인식론적으로 사유의 기반을 이루고 있는 장소, 이러한 두 개념을 통하여 제약에 대한 보편개념이 가능하다면, 신체성과 장소에서 제약을 통한 윤리적 의미의 설정은 타당성을 지니지 않을까? 어원적으로 윤리와 도덕은 장소를 설정하기 때문에…

따라서 제약에 대한 보편개념이 가능하다면, 신체성을 전제로 한 윤리의 차원은 타자가 등장함으로 가능하며 윤리의 근거는 주체의 제약을 타인의 배려로 확장하여 타인의 육체에 대한 권리를 존중하는 것으로 나갈 것이다. 그리고 이 권리에 말할 권리와 생각할 권리를 포함시킨다면, 타자는 의미론적 보편 개념을 관념의 다발이 아닌 우리 인간의 신체성에 근거한 존재론적 보편개념으로 타당한 윤리적 사유로서 등장할 것이다.

사실 인간 삶의 모든 규범은 도덕률이든 법률이든 언제나 사람과 사람 사이의 관계를 규제하고 있다. 그것은 규범을 부과하는 사람과의 관계까지를 포함하고 있다. 따라서 우리를 규정하고 우리를 형성

먹기와 마시기 등을 말한다. 움베르토 에코·카를로 마리아 마르티니, 이세욱 역, 『무엇을 믿을 것인가』(서울: 열린책들, 1999), p.120.

2) 그레고리 플랙스먼 엮음, 박성수 역, 『뇌는 스크린이다-들뢰즈와 영화철학』(고양: 이소출판사, 2003) 참조.

하는 것은 바로 타자이며 '타자의 시선'이라는 사르트르(Jean-Paul Sartre)의 말은 맥락에 있어서 역설적이긴 하나 타당하다.[3]

가령 먹지 않거나 자지 않고 살 수 없듯이, 우리는 타자의 시선과 응답이 없으면 우리가 누구인지를 이해할 수 없으며 만일 우리가 살고 있는 공동체의 모든 구성원들이 한결같이 우리를 바라보지도 않고 마치 우리가 존재하지 않는 것처럼 행동하기로 결정한다면 보통 사람은 감당하기 어려울 것이다. 그렇다면 타자의 인정 범위는 어디까지인가? 에코의 말을 들어보자.

> "인류의 어떤 문명들에서 학살과 식인 풍습과 타자의 육체에 대한 모욕을 용인했던 것은 무슨 까닭일까? 이유는 간단하다. 그 문명들이 야만족을 인간이 아닌 존재로 간주함으로써 타자의 개념을 부족 공동체 또는 민족에 국한시켰기 때문이다. 마찬가지로 십자군 병사들은 이교도를 사랑해야 할 이웃으로 바라보지 않았다. 사실 타자의 역할을 인정하는 것, 우리가 우리 자신을 위해 포기할 수 있다고 생각하는 욕구를 타인들도 지니고 있다는 사실을 인정하는 것은 인류의 천 년에 걸친 성장의 결과이다. 이웃을 사랑하라는 그리스도교의 계명조차도 그것을 위한 때가 무르익고 나서야 비로소 표명되고 어렵게 받아들여졌다."[4]

나아가 신체성을 지닌 인간 영혼에 대한 배려로 확장된다면 윤리가 해명되는 곳은 신체성뿐만이 아니라, 인식론적 장소에까지 확장된다. 문제는 이럴 때 윤리학은 생물학이나 종교학과 다를 바 없다는

---

3) 시선을 통한 사르트르적 코기토, 가령 '나는 보여진다. 고로 존재한다'는 의미를 『존재와 무』는 잘 설명하고 있다. "거기에는 하나의 존재 관계가 있다. … 코기토를 통해 포착된 나의 의식이 회의의 여지없이 그 자신에 관해서, 또 그 자신의 고유한 존재에 관해서 증언하는 것과 마찬가지로 어떤 특수한 의식, 예컨대 '수치 의식'과 같은 것은 코기토에 대해서 회의의 여지없이 그 자신에 관해서 또 타자의 존재에 관해서 증언한다." J-P. Sartre, *L'être et le néant*(Paris: Gallimard, 1995), p.301, 312

4) 움베르토 에코·카를로 마리아 마르티니, Op. cit., p.123.

것이다. 인식론적 장소의 영역에서 윤리가 해명된다면 의식을 넘어 무의식으로 확장되어야 한다. 그렇다면 윤리가 해명될 장소는 무의식의 영역으로 확장되어 정신분석 윤리학으로까지 윤리 해명의 장소는 확장된다.

무의식! 우리들 무의식의 영역에 윤리는 어떻게 장소를 차지할까? 가령 안드레이 타르코프스키(Andrei Tarkovsky, 1932~1986)의 영화 <잠입자>(Stalker, 1979)는 무의식과 윤리의 문제를 잘 드러내준 영화이다. 상징계에 조작된 윤리가 아닌, 나아가 판타지로 구성되지도 않은 무의식의 저변에 깔려 있는 그 무엇을 잘 드러내 준다.

영화는 '구역'으로 향하는 세 사람의 이야기이다. 구역은 약 20년 전에 운석이 떨어졌던 곳인데, 그 구역의 중심에는 '방'이 하나 있다. 누구든지 이 방에 들어가 가장 절실한 소원 하나를 빌면 이루어진다. 따라서 이 방은 사람들에게 '희망의 방'이라 불리어진다. 그러나 문제는 성취되어지는 소원이 사람들 의식의 소망이 아니라, 무의식 속에 숨어 있는 소원이라는 점이다. 그 자신은 그것을 알 수도 모를 수도 있다는 사실이다.

잠입자의 말에 따르면 '고슴도치'라 불리는 젊은이와 그의 동생이 있었는데 이들은 돈자루가 쏟아지기를 소원하며 구역으로 가고자 했다. 위험한 지역에서 동생을 앞세우던 고슴도치는 '고기 분쇄기'에서 동생을 잃고 만다. 동생의 죽음 앞에 울부짖던 고슴도치가 방에 들어가서 동생을 살려달라고 소원을 빈다. 그러나 '방의 원리'에 따라 그가 그렇게도 간절하게 빌었던 의식의 소원은 무시되고 그가 진정 바라고 있던 무의식의 참다운 소망이 실현된다. 즉 그의 앞에 돈자루들이 쏟아졌던 것이다. 잠입자는 고슴도치가 엄청난 죄책감으로 목을

맸다고 전한다.[5] 윤리가 해명될 장소는 의식뿐만이 아니라 무의식에서도 해명이 되어야 하는 것이다.

라캉(Jacques Lacan)이 「사드 곁의 칸트」(*Kant with Sade*)를 통해 칸트(Immauel Kant)는 상상계를 제거하려 했고 사드(Marquis de Sade)는 상징계를 배제하여 법과 상징계만 인정한 칸트와 쾌락, 혹은 상상계만 인정한 사드를 함께 있게(with) 만들어 파괴와 도착과 죽음을 우회할 수 있다고 생각했는데,[6] 금지가 욕망을 낳고 악이 선을 낳는다면 윤리란 바로 이 잉여, 우수리, 넘침과 부족함 위에 세워져야 한다는 말은 어쩌면 타당하다. 그러나 실재계는 불가능하여 흔적을 남길 뿐이다.

더 나아가 사이버스페이스에서 윤리의 개념은 어떤가? 네티켓(netiquette)과 네틱(nethic, net+ethic)류의 오프라인상의 정언명령을 사이버공간까지 확장하는 것으로 윤리적 해명은 사이버 상에서 그 소임을 다한 것일까? 어떻게 보면 사이버상에서는 앞서의 신체성의 문제가 그리 크게 부각되지 않는다. 인식론에 있어서는 영지주의(Gnosticism)의 부활로 테일러에 의하면 라스베거스가 신국으로 확장이 된다.[7] 신체성은 거추장스러운 감옥이나 지옥일 뿐이며(soma sema!) 사이버 공간에서 인식론적으로 인간은 해방의 공간을 넘나드는 것이다. 그의 존재론적 퇴보 위에⋯

즉 사이버스페이스 시대에 물리적 현존은 해체되어 정보 패턴(pattern)으로 대체된다. 그리고 이러한 대체는 전통적인 인간 주체성의 해체를 의미할 뿐만 아니라, 나아가 결과적으로 옛날 영지주의적 인간관

---

5) 스튜어트 슈나이더맨, 허경 역, 『자크 라캉, 지적 영웅의 죽음』(고양: 인간사랑, 1997), pp.453-454.

6) Jacques Lacan, "Kant with Sade" trans. by James B. Swenson Jr. *October* 51(1989), pp.55-104.

7) AR., 168-201 참조.

을 부활시킨다. 이제 인간은 물리적, 생물적 주체(bio-I)라기보다는 정보 패턴의 사이버 주체(cyber-I)로 파악되는 것이다.

좀 더 생각해보자. 인간의 존재론적 퇴보는 새로운 패러다임을 요청한다. 로봇 공학 전문가인 미국의 모라벡(Hans Moravec)은 『마음의 자식들(*Mind Children*)』에서 인간의 생물학적 진화는 이미 완료되었으며, 미래사회는 사람보다 수백 배 뛰어난 인공두뇌를 가진 로봇에 의하여 지배되는 후기 생물사회(post-biological)가 될 것이므로 인류의 문화는 사람의 혈육보다는 사람의 마음을 모두 넘겨받는 기계, 곧 '마음의 자식들'에 의하여 승계되고 발전될 것이라는 주장을 펼쳤다.[8]

역시 화제작 『로봇(*Robot*)』에서는 2050년 이후 지구의 주인이 인류에서 로봇으로 바뀐다는 대담한 논리를 전개했다.[9] 이러한 모라벡을 따르면 마음의 자식들에게 남겨줄 수 있는 인류의 유산으로 윤리는 인간의 신체성에만 국한되는 것도 아니다. 로봇의 마음에 '인간성'의 흔적을 데이터베이스화시키면 윤리는 완성이 되는 것이다.

신체성과 무의식, 사이버스페이스와 영지주의, 나아가 로봇공학까지 우리 인류의 정신/기술 문화는 그 깊이를 더해간다. 신학과 윤리학이 종교의 규범윤리로 혹은 칸트식 정언명령으로 남아 있으려면 포스트모던 문화에서 드러나는 변화의 요청을 사유하여야 할 것이다.

이러한 분석하에 윤리가 해명될 장소로 전제한 신체성과 장소라는 문제설정은 이렇듯 이미지, 혹은 사이버 영지주의, 더 나아가 로봇공학으로까지 진행된 포스트모던 문화에 다시금 신체성에 기반하여 근

---

8) Hans Moravec, *Mind Children: The Future of Robot and Human Intelligence*(Cambridge: Harvard Univ. Press, 1990) 참조.

9) Hans Moravec, *Robot: Mere Machine to Transcendent Mind*(Oxford: Oxford Univ. Press, 2000) 참조.

대가 아닌 고대로의 회귀로 보일지 모르나, 이 회귀는 '관계의 존재'[10]로서 인간의 존재론적 규명이 계속되는 한 항상 반복될 것이다. 그리고 이 반복은 도덕과 윤리의 개념을 '장소'라는 측면에서 접근하고 상상계의 도덕 해체와 상징계의 제국의 도덕을 가로지르는 실재계의 윤리를 제시하는 것으로 시작된다.

---

10) 존재(存在)라는 말이 있을 존(存), 있을 재(在)라는 '있음의 이중반복'으로 관계의 중요성을 말하는 것은 아닐까?

2. 개념설정 "실재계에서 흔적은 도덕 해체와 '제국의 도덕'을 가로지른다"

들뢰즈에 따르면 철학은 개념의 창조이다.[11] 이 책을 관통하는 기본적인 사유틀, 혹은 메타포로서 '윤리', '도덕', '신체성', '장소', '실재계', '흔적'이라는 개념을 어떠한 맥락에서 재창조하여 사용하는지를 먼저 밝히는 것이 필요하다. 이 책에서 저자는 윤리와 도덕을 장소의 개념에 기반을 두어서 사용할 것이며 장소는 존재론적으로는 공간을 점유하는 것으로, 인식론적으로는 사유의 기반으로 사용하고자 한다.

따라서 신체성은 윤리의 개념과 장소의 개념으로 함께 연결되며 이러한 신체성과 장소의 개념 속에 신과 존재와 타자 사이에 존재하는 관계성으로서 윤리적 메타포인 흔적 개념을 사용할 것이다. 물론 이러한 흔적은 사상사적으로 플로티노스(Plotinus)와 레비나스(Emmanuel Levinas), 데리다(Jacques Derrida)와 테일러의 흔적을 거치며 그들의 흔적을 총체화시켜 윤리적 함의를 지닌 것으로 바꾸려고 한다.

이것은 자기 나르시시즘으로 도덕을 해체하는 사드적 상상계와 아버지의 이름과 같은 '제국의 도덕'으로 상징계로의 조작된 고전적 윤리학과 데카르트 이후의 근대적 이성이 추구하는 윤리학과는 다른 실재계의 윤리를 구상하기 위함이다. 곧 사이버스페이스, 무의식과 후기 생물사회를 살아가는 인류에게 드러나는 실재계의 윤리를 모색

---

11) 질 들뢰즈·펠릭스 가타리, 이정이·윤정임 역, 『철학이란 무엇인가?』(서울: 현대미학사, 1995), p.9.

하는 것이다. 그렇다면 라캉과 지젝(S. Žižek)이 사용한 이 실재계는 이 연구에서 어떻게 활용되는가?

프로이트(Sigmund Freud)는 미켈란젤로의 <모세>상에 집착하였는데, 프로이트를 따르는 라캉과 지젝 역시 이 모세상에 관심을 집중한다. 모세의 십계명은 아버지의 이름인 상징계이다. 그러나 그것은 모세의 손에 견고하게 쥐어져 있지 않다. 미끄러지는 10계명의 석판을 모세가 간신히 움켜쥐고 있는 모습이다. 문명도, 아버지의 이름도 우리의 손에서 그렇게 미끄러진다. 지젝이 말하는 실재계는 미끄러지는 십계명과 움켜쥔 손 사이에 존재한다. 미끄러짐이 상상계라면 움켜진 손은 상징계이고, 그 둘을 하나로 묶어주는 것이 실재계이다.[12]

문성원은 바르트(Roland Barthes)가 제시한 '푼크툼(punctum, 뾰족한 것)'이나 '무딘 의미(le sens obtus)'를 상징적 의미로 드러나는 실재의 예로 제시하고 있는데, 이들은 의미의 영역을 끝없이 여는 통로인 것이다. 그렇다면 이것은 "실재 내지 물질의 편린 또는 흔적이라고 할 수 있지 않을까? 그리고 이미지에서 이러한 물질의 개입에 주목하고 그 중요성을 환기시키는 입장을 '이미지의 유물론'이라고 부를 수 있지 않을까?"[13]라고 묻고 있다. 실재계는 흔적으로 상상계와 상징계를 묶어주는 것이다. 동시에 실재계에서는 흔적은 상상계로의 해체와 제국의 도덕으로써 상징계의 윤리를 가로지른다.

---

12) 권택영, 『잉여쾌락의 시대』(서울: 문예출판사, 2003), p.93. 프로이트가 발견한 무의식은 밤이고, 의식은 낮이다. 따라서 쾌락 원칙은 밤에 해당되고, 현실 원칙은 낮이라고 할 수 있다. 그러나 라캉에 의하면 상상계가 밤이고, 상징계가 낮이다. 어느 한쪽만 있으면 죽음이기에 이 둘을 묶어주는 것이 잉여쾌락이고 '실재계'이다(Ibid., p.23). 실재계라는 잉여 때문에 완벽하게 욕망을 채워주지 못하여 삶이 지속된다. 지젝은 라캉이나 프로이트의 이론 가운데 바로 이 여분인 실재계를 가장 중요시한다. 나머지 우수리(어떤 成數에 차고 남은 수), 얼룩, 잉여 즐김, 유령 같은 표현을 사용하는데, 이 모두 잉여 혹은 실재계를 가리킨다(Ibid., p.74).

13) 문성원, 「유물론의 전회? — 우발성과 이미지, 그리고 타자」, 『대동철학』 24집, 대동철학회, 2004, pp.12-13 참조.

좀 더 부연해보자. 주판치치(Alenka Zupančič)는 라캉의 실재(계)를
다음과 같이 말한다.

> "라캉에 따르면 실재(계)는 불가능하다. '그것은 (우리에게) 일어난
> 다'는 사실은 그것의 기본적인 '불가능성'을 논박하는 것이 아니다.
> 실재는 우리에게 (우리는 실재를) 불가능한 것으로서 일어난다(조
> 우한다). 우리의 상징적 우주를 뒤집어 놓고 이 우주의 재배치를
> 이끌어내는 '불가능한 사물'로서 말이다. 따라서 실재의 불가능성
> 은 실재가 가능한 것의 영역 속에 효과를 미치는 것을 막지 않는
> 다. 바로 이때, 실재와의 조우에 의해 우리에게 강제된 물음- 나는
> 나를 '탈구된' 상태로 던져놓은 그 무엇에 조응해서 행위할 것인가,
> 나는 이제까지 내 실존의 토대였던 것을 재정식화할 각오를 할 것
> 인가?- 속에서 윤리가 작동하기 시작한다."[14]

따라서 실재(계)의 윤리는 유한한 것의, 유한성의 윤리가 아니다.

> "불멸이라는 종교적 약속에 대한 응답은 유한성의 파토스가 아니
> 다. 윤리의 토대는 우리의 유한성을 승인하고 '더 높은', '불가능한'
> 염원들 일체를 포기하도록 명하는 명령들일 수 없다. 단지 그것이
> 필연성에의 굴복을 함축할 것이라는 이유 때문만이 아니다. 내기는
> 훨씬 더 근본적이다. 무한은 획득불가능하지 않다. 오히려 그것을
> 전적으로 회피하는 것이 불가능하다. …피안의 부재, 즉 유한에는
> 그 어떤 예외도 없다는 사실은 유한을 '무한화'한다."[15]

윤리가 해명될 장소가 신체성과 장소를 가로질러 실재계에서 흔적
을 추구하는 것으로 그 무한성을 추구하는 것이다.

---

14) Alenka Zupančič, *Ethics of the Real*, 이성민 역, 『실재의 윤리-칸트와 라캉』(서울: 도서출판 b, 2004),
   pp.358-359.

15) Ibid., p.375.

Ⅱ. 도덕의 해체와 실재계의 윤리

철학사에 끊이지 않고 제기되어온 물음이 있다. '진리란 무엇인가?', '신은 존재하는가?'와 같은 질문인데, 이러한 형이상학적인 질문과는 달리 인간 행위에 관계된 물음으로 가령 '인간 행위를 옳거나 그르다고 판단하게 만드는 것은 무엇인가?', '우리는 어떻게 살아야 하는가?', '우리는 다른 사람들을 어떻게 대해야 하는가?'와 같은 물음들도 있다.

이 물음들은 인류 역사상 계속되어왔고, 지금도 진행 중이다. 가령 이러한 물음은 현재 벌어지는 무수한 살인사건과 잔혹행위, 도둑질과 강도, 노예제도와 인신매매 등과 같은 행위들에 대하여 나름대로 답을 하고 있다. 만약 이러한 행위들이 올바르지 못하다는 것을 설명할 수 없다면 이를 금지하는 행위 역시 정당화될 수 없기에 인간 행위에 관계된 물음들은 계속해서 제기되며 시대에 따라 그 답이 새롭게 변화되고 있다.

물론 법의 규율(規律)을 통하여 이러한 물음들은 손쉽게 해결할 수 있다. 그러나 법의 규율이 아니라, 좀 더 보편적이며 규범(規範)적인 원리를 찾고자 한다면 우리는 이러한 물음을 계속해서 던지지 않을 수 없다. 나아가 이 물음은 앞서 언급한 형이상학적인 질문과도 연결된다. 따라서 '인간의 도덕성은 단지 편견의 문제인가', 아니면 '우리의 도덕적 신념에 대해 올바른 이유를 제시할 수 있는가'를 다루는 윤리학(ethics), 혹은 도덕철학(moral philosophy)의 딜레마는 여기서 시작된다.

더욱이 도덕은 '인간 상호 간 및 사회 현상에 대한 실천적 행동을 이끄는 관습적 원리, 가치, 규범, 격률 등의 체계를 내용으로 하는 사회적 의식 형태'이며 '이러한 체계는 역사적으로 변화, 발전하며 사회적으로 제약된다'[16]는 마르크스-레닌주의의 도덕 개념은 도덕의 문제를 계급의 문제로 전환시킴으로 이러한 딜레마를 가속시킨다.

중요한 것은 도덕이 '인간의 물질적 사회관계에 근거하고 있으며 이러한 관계들을 반영하고 이 관계들과 함께 변화한다'는 엥겔스(F. Engels)의 통찰인데, 그의 지적처럼 '사회가 지금까지 계급 대립 속에서 움직여 왔듯이 도덕도 늘 계급 도덕이었으며 도덕은 지배 계급의 지배와 이해를 정당화하거나, 또는 피억압 계급이 충분히 강력해지자마자 지배에 대한 피억압자들의 항거와 그들의 장래의 이해관계를 대변해 왔다'[17]는 말은 새겨둘 만하지만 이러한 엥겔스류의 비판이나 '흡혈귀로서의 도덕' 해체를 말하는 니체(F. Nietzsche)류의 비판으로만 끝나서는 아무런 의미가 없다. 다시금 상대주의로 회귀하며 의미론적 보편 개념이 설자리가 없어진다.

---

16) Manfred Buhr · Alfred Kosing, *Kieines Wörterbuch der marxistisch-leninistischen Philosophie* 한국철학 사상연구회 편역, 『철학소사전』(서울: 동녘, 1990), p.89.

17) Ibid.

1. 도덕, 윤리의 개념

서양문화권에서 윤리와 도덕이라는 용어는 영어 'ethics'와 'moral' 이다. ethics의 어원인 희랍어 'ethos'는 원래 거주, 거주지, 체류지 등의 의미에서, 익숙한 행동양식, 익숙한 말하는 방식, 익숙한 표현방식, 그리고 (가치 있는) 성향, 성품 등을 의미한다. 따라서 ethos는 자연발생적이고 무의식적이고 민속적이고, 인간이 그 속에 살면서 길들여진 것이기에 왜 그렇게 해야 하는지를 물을 필요 없이 자명한 것으로써 행위 속에 담겨져 있는 그런 습속을 말한다.

moral 역시 ethos와 같이 풍속, 관습, 전통, 공동생활양식이라는 의미를 가졌으나, 집단적 생활을 규제하기 위한 인위적이고 규제적인 사회제도로까지 확장된다. 단어의 어원인 라틴어 mores(단수는 mos)는 제재가 가해질 수 있는 확정된 관행, 관례, 규칙, 법칙, (신의) 율법 등을 의미하고, mos는 개인의 습관, 용법, 유행, 관행 등을 의미한다. 이 것은 이미 있는 그대로의 풍속관행일 뿐, 개인의 자발적인 의지가 개입되지는 않는다. 여기서 중요한 것은 ethos와 moral은 장소적 개념을 상정하고 있는 것이다. 즉 '공동생활양식'이라든가 '거주지' 혹은 '체류지'라는 공간이 있으며 그곳에서의 어떠한 인간의 습속이나 성품을 뜻하는 단어인 것이다. 즉 윤리와 도덕을 말하기 위해선 그 장소적 개념이 전제되어야만 하는 것이다.[18]

---

18) 최병학, 「차이와 윤리」, 『윤리교육연구』 제3집, 한국윤리교육학회, 2003, p.60.

이러한 윤리에 학(學)을 붙인 윤리학이란 윤리적인 것 내지 도덕적인 것, 즉 인간의 윤리적 행동 양식과 가치, 규범과 견해 같은 도덕 발전의 합법칙성을 탐구하고, 객관적인 사회적 요구와 합치하는 도덕적 가치와 규범들을 정초, 발전시키는 것을 과제로 삼는 철학의 한 분야로서 도덕과 같은 것은 아니다.[19)

　이 책에서 저자는 윤리와 도덕을 장소적 개념 설정에 중점을 두고 장소, 나아가 인간의 신체성을 기반으로 도덕적 가치와 규범들을 살펴보는 것으로 윤리학(ethics)을 사용하고자 한다.

---

19) Manfred Buhr · Alfred Kosing, Op. cit., p.272.

2. 도덕 해체와 실재계의 윤리

　기독교 윤리학, 혹은 칸트의 윤리학과 같은 의무론에 기초한 도덕 이론과 결과주의(consequentialism)[20]의 윤리이론으로서 공리주의, 나아가 앞서의 윤리가 통상 특정 행위들의 옳음과 그름에 집중하는 것과 달리 성격에 초점을 맞추며 개인의 삶 전체에 관심을 갖는 아리스토텔레스의 '덕론(德論, Virtue theory)'과 그를 따르는 사상가들, 이들 모두는 '우리는 어떻게 행위해야 하는지'에 관한 이론으로 윤리학에 있어서 일차 이론들(first order theories)의 한 예이다.

　그러나 도덕 철학자들은 이차 물음들(second order questions)을 갖고 있는데, 이는 메타윤리이론으로 윤리적 자연주의(ethical naturalism)와 이모티비즘(emotivism) 등이 그것이다. '옳고 그르다는 의미는 무엇인가?', '사실(what is, 존재)과 가치(what ought to be, 당위)는 근본적으로 서로 다른 것인가? 같을 수도 있는 것인가?' 또는 '도덕적 언명들은 말하는 사람의 감정에 불과한, 그래서 고문에 관한 이야기가 나오면 <우!> 하고 야유하고, 진실 말하기가 나오면 <와!>하며 환호하는 식의 외치기로서 이모티비즘의 <우/와 이론>에 불과한 것인가?'

　더 나아가 윤리학은 응용윤리학(applied ethics), 혹은 실천윤리학(practical ethics)으로 구체적인 윤리 문제에 대한 규범적 답만을 이야

---

20) 어떤 행위가 옳은지 그른지를 행위자의 의도에 기초해서가 아니라, 그 행위의 결과에 기초해서 판단하는 윤리이론.

기하는 것일까? 아니면 타자의 등장으로 타자성의 윤리, 혹은 차이의 윤리라는 또 다른 규범윤리학으로 회귀해야 하는 것일까?

윤리학이 간과한 문제가 바로 여기에 있다. '어떤 행위가 옳고 그른가?' 나아가 '옳고 그르다는 의미가 무엇인가?'를 밝히기 위해서 전제로 두었던 것은 모두 규범과 언어에 중점을 둔 것이다.[21] **행위의 장소적 문제**(윤리학의 일차 이론에 있어서), 혹은 **언어의 장소적 제약**(윤리의 이차 물음들에 있어서)은 전혀 다루어지지 않았던 것이다. 만약 인간 행위와 언어행위의 장소적 개념이 전제가 된다면, 도덕철학은 존재론적 물음에서부터 시작하여 해석학으로 완성될 것이다. 존재규명이 확정된다면 윤리의 규범은 뒤따라 올 것이고, 메타 윤리학 역시 존재규명에 대한 메타이론으로 해석학적 견지에서 정립될 것이다.

이러한 장소적 개념이 필요한 것은 상상계와 상징계에 머물고 있는 기존 도덕 이론을 실재계로 이끌어 오는 것이며, 동시에 이 실재계는 사이버 공간까지를 의미한다. 사이버-네틱(syber-nethic)류의 조잡한 윤리적 변형이 존재론적 함의를 갖지 못하기에 보다 존재론적으로 윤리를 다룰 필요가 있는 것이다. 즉 윤리학은 무의식과 현상계, 그리고 사이버스페이스를 자기 존재의 기반으로 설정하고, 여기에 흔적이라는 메타포로 존재론적 의미규정이 윤리학적인 의미를 지닌다면 윤리학은 레비나스의 말마따나 '존재론보다 나이 많은', 그리고 '인식론의 근거'로서 자리 매김할 것이다.

따라서 이러한 입장에서 보면 니체의 도덕 해체는 한계를 가지고 출발한 것이다. 사실 "진리란, 그것 없이는 특정 종의 생물이 살 수가 없을지도 모르는 그러한 종류의 오류"[22]라는 니체의 말은 신으로부

---

21) 상징계는 규범이라는 아버지의 이름과 언어라는 사유틀로 진입하며 완성된다.

터 시작해 신체의 변화에도 불구하고 동일하게 지속하는 자아로서의 인간 개념까지도 형이상학적 개념으로 치부하며 "<정신>도, 이성도, 사고도, 의식도, 영혼도, 의지도, 진리도 없다. 이들 모두는, 도움이 되지 않는 허구"[23]라고까지 한다.

　이러한 니체의 형이상학 해체 이후 우리는 정태적 실재에 대해 그어떤 고정적 범주로서 윤리와 도덕철학을 말할 수 없게 되었다. 다시 말하면 진리가 없다면 어떠한 오류도 없게 되므로 그 어떤 윤리도 도덕철학도 존재하지 않거나 의미를 가지지 않는 허무주의의 결론에서 오직 침묵해야만 하는 것이다.[24]

　아니면 영원회귀처럼 궁극적 종착점 없는 니힐리즘을 긍정하는, 그래서 우리 자신의 삶의 가치를 부정하는 것이 아니라 마지못해 긍정해야 하는가? "삶이라고는 하지만 어떤 의미나 목적도 없으며, 더욱이 종착점도 없이 불가피하게 반복되는, 지극히 가공스러운 상태, 즉 '영원회귀'라는 것을 생각해보자. 이것이 가장 극단적 형태의 니힐리즘, 즉 영원한 무(무의미성)이다."[25]

　표피적으로 니체를 따르는 이들에게는 비록 집단적 이기주의라는 쓴 소리를 듣겠지만, 그렇다고 공동체주의를 멸시하는 다음의 함정에도 빠지지 말아야 할 것이다.

---

22) 프리드리히 니체, 강수남 역, 『권력에의 의지』(서울: 청하, 1990 3쇄), 493번. p.209. 이하 강수남의 페이지를 인용하나, 맥락에 있어서 수정함.

23) Ibid., 480번. p.303.

24) 도스토예프스키의 '신이 존재하지 않는다면, 모든 것이 허용된다'는 말은 이러한 침묵에 항거한다.

25) Ibid., 55번. p.59. 강수남의 번역은 이렇다. "우리는 이 사상을 그 가장 두려워해야 할 형식으로 생각해보자. 말하자면 의미 목표는 없으나, 그러나 무(無 Nichts) 가운데로의 하나의 종국을 갖는 일도 없이 불가피적으로 회귀를 계속하고 있는 그대로의 생존, 즉 〈영원회귀 die ewige Wiederkehr〉"

"인간에 대한 보편적 사랑은 사실상 고통받는 자, 가난한 자, 범죄자에 대한 호의이다. 그러나 그것은 힘, 책임감, 희생에 대한 숭고한 의무감을 저하시키고 약화 시킨다……기독교적 이타주의가 약한 자의 집단적 이기주의가 아니라면 도대체 무엇이란 말인가?"[26]

니체에 따르면 인간은 도덕을 치켜세울수록 교묘한 방식으로 자신의 이익을 점점 증대시킨다. 즉 전통적으로 전수되어 왔던 도덕은-플라톤 주의자들과 기독교인들을 포함해서- 어떠한 집단을 공격하기 위한 또 다른 집단의 강력한 무기가 된다. 도덕은 약자의 이익을 위해 강자를 규제하는 것이다.

따라서 자기의 의지대로 창작할 수 있는 자유를 찬양하며 '빈 화폭으로 달려가는 예술가적인 삶'을 살려는 사람들에게 활력을 갖는 니체의 철학은 환경에 대한 인간의 지배가 증대하고 과학과 기술이 우리의 능력을 신장시키면서, '이 세계의 지배자'가 되었다고 여기는 그 순간 역설적으로 활력을 잃게 된다. 인간의 전성시대에 낙관적이지 않은 포스트모던 문명은 니체의 고정된 자아가 아닌 것에서부터 다시 시작하여 자아의 소멸 이후 우리 문명의 병(병폐)을 진단할 수 있는 처방으로 바뀌어야 하는 것이다.

신의 죽음 이후, 역사의 종말 이후, 책의 닫힘 이후, 자아의 소멸 이후 드러나는 산종된 신과 방황과 텍스트, 그리고 흔적이라는 메타포가 윤리적 타당성을 가져야 하는 이유는 여기에 있다. 힘에의 의지에 대한 지배 욕구를 옹호한 니체는 신을 죽이고 역사의 종말을 가져오고 닫힌 체계로서 책을 해체하였으나, 자아의 소멸에 있어서는 부족하며 윤리학사에 있어서는 시대적 한계로 인한 한 천재의 울분으로

---

26) 프리드리히 니체, 강수남 역, 『권력에의 의지』, 246번, p.69.

만 기억될 것이다.

 그러나 묘하게도 이러한 울분이 사이버스페이스에서는 부활한다. 사이버 영지주의가 힘을 얻는 가상현실에서 테일러의 말처럼 라스베거스를 신국이라 표방하는 현대 종교 문화에 니체의 '대지에 충실하라'는 언명은 사이버 영지주의를 해체하는 도구로 울분을 터뜨린다.

 아무튼 니체가 해체하였던 이제까지의 윤리와 도덕은 라캉식의 구분으로 진단한다면 상상계(the imaginary)와 상징계(the symbolic)의 도덕이었다. 그리고 니체는 이러한 도덕을 해체했던 것이다. 그렇다면 상상계, 혹은 상징계란 무엇인가? 라캉은 자연적인 존재인 우리 인간이 문화적 토양인 사회에서 살아갈 수 있는 순응적 주체로 구성되는 과정을 설명하고 있는데 상상계와 상징계가 바로 그 과정이다. 이 두 단계에 각기 대응하는 의식적 혹은 무의식적인 심적 상태를 나타내는 용어가 바로 상상계와 상징계인데, 상상계는 거울 단계라고도 하며 유아시절에 자아가 형성되는 단계이다. 이 단계에서 주체의 경험적 질서는 허위의 동일시와 이중성에 의해 지배된다. 즉 거울 속의 영상을 자기 자신으로 알아차리고 기뻐하며 다른 아이를 자신으로 오인할 정도로 자기중심적 나르시시즘에 빠져있는 것이다.[27] 즉 거울이라는 타자를 통해 '이상적 자아'를 경험하기 때문이다.

> "거울 단계의 아기는 스스로 움직이지 못하고 다른 사람의 보살핌을 받아야 하며 말도 하지 못한다. 그러나 이 아기가 거울에 비친 자신의 이미지를 총체적인 것으로 가정하고 환호한다는 것은 이상화된 내가 상징계 속에 거꾸로 된 모습으로 진입한다는 것을 잘 보

---

27) 자아와 타아를 구별하지 못하는 거울단계의 아이는 다른 아이를 때리고도 자기가 맞은 것으로 잘못 알고, 다른 아이가 울면 함께 운다.

여준다. 그러나 거울 단계의 나는 타자와의 변증법적 동일시에 의
해 객관화되기 이전의 주체이며 언어가 보편 구조 속에서 주체 기
능을 부여받기 이전의 상이다."[28]

나아가 "내가 존재하지 않는 곳에서 나는 생각한다. 고로 내가 생
각하지 않는 곳에 나는 존재한다"[29]는 말을 통해 라캉은 주체가 귀를
기울이건 말건 개의치 않고 무의식이 스스로 언어로 표출되는 특성
을 말한 바 있다. 상징계의 시작이 바로 여기에 있다. 이 단계는 언어
활동을 통해 타인과의 소통이 가능해지는 시기이며 자기 자신과 타
자를 구분하지 못하는 상상적 동일시의 거울단계에서 언어의 습득
및 오이디푸스 콤플렉스와 함께 상상계로 나가는 것이다.[30]
　기존 윤리와 도덕이 상상계의 자기중심적 나르시시즘으로서 나아
가 사회문화적 규범을 뜻하는 상징계의 차원에서 옳고 그름을 따졌
다면 이제 '실재계로의 환대'는 윤리와 도덕을 초청장 없이도 받아들
여 윤리와 도덕의 새로운 차원을 열게 만드는 것이다.[31]
　이러한 실재계(the real)[32]는 출생과 더불어 시작되며 생물학적 욕구
를 포함하는 경험세계 전체를 가리킨다. 그러나 인간은 성장하면서
사회 속에서 이미 의미를 가지는 체험, 상상, 언어를 통해 세계와 접
하기 때문에 있는 그대로의 세계는 미지의 세계로 남는다. 따라서 실

---

28) J. Lacan, *Ecrit: A selection*, translated by A. Sheridan(New York: W.W.Norton, 1997), p.2.

29) Ibid., p.166.

30) 프로이트에게 있어서 오이디푸스 단계의 아버지가 현실적 아버지였다면, 라캉의 경우에는 사회문화적 규
범이나 법을 뜻하는 일종의 기표가 '아버지의 이름'으로 상징계를 대표한다.

31) "실재계의 사막에 온 것을 환영합니다(환대)"는 말은 워쇼스키 형제들의 히트작인 〈매트릭스〉(1999)라는
영화에서 주인공 네오가 가상의 현실에서 '실재적인 현실' 속으로 깨어나면서 불타버린 폐허를 보게 되
는데, 이때 세계전쟁 이후 컴퓨터와 전쟁을 벌이는 저항 지도자 모르페우스가 건네온 인사이다. 동시에
이 책은 지젝의 9·11과 그에 관련된 날짜에 관한 다섯 가지 논문의 제목이기도 하다.

32) 라캉은 실재계에 각별한 애정을 쏟는데, 모든 전체주의, 독재적 획일주의를 전복하는 기능을 실재계가 갖
고 있기 때문이다.

재는 언제나 우리에게 환상이나 신기루처럼 다가갈 수 없는 느낌, 일종의 결핍감을 준다.33)

라캉은 상징계로 진입한 인간의 내부에서도 이 세 질서 간의 갈등은 여전히 존재한다는 것을 폭로한다. 실재계는 인간이 정면으로 마주할 수 없으며 돌아갈 수도 없는 불가능의 세계이다. 상상계는 인간의 자아의식이 허구와 기만에 기초해 있다는 것을 상기시킨다. 상징계는 실재계와 상상계를 억압함으로써 인간의 욕망이 결코 충족될 수 없음을 보여준다. 불가능, 기만, 부재(不在)는 각각 실재계, 상상계, 상징계가 가진 본질적 특성들이다. 이 음울한 단어들은 자신의 의지대로 사고하고 행동하며 욕망을 충족시키는 하나의 통합된 주체가 있지 않다는 것을 시적으로 그려준다.34) 지젝은 다음과 같이 말하며 실재계의 윤리에 주목한다.

> "우리는 현실을 허구로 혼동해서는 안 된다. 다시 말해 우리는 우리가 허구로 경험한 바에서 우리가 그것을 허구화할 경우에 한해서 유지할 수 있는 실재계의 단단한 핵심을 분간해낼 수 있어야 한다. … 우리는 현실의 어떤 부분이 환상을 통해 '기능변화를 일으키는지' 알아야 하고, 그렇게 해서 그것이 현실의 일부라 할지라도 허구적인 방식으로 인식된다는 것이다. 현실(로서 나타난 것)을 허구로 선언하기/폭로하기보다 훨씬 더 어려운 일이 '실재적인 현실' 속에서 허구의 생각을 알아내기이다."35)

---

33) 라캉의 이론 작업에 있어서 가장 중요한 초석이 되는 상상계, 상징계, 실재계의 구분은 연도별로 구별 가능하다. 언어로 편입되거나 매개되기 이전의 주관적 착각과 오인의 질서인 상상계는 1930년대 라캉이 거울단계를 통해 발견하였고, 1950~1960년대는 객관적 언어 혹은 법칙의 질서로서 상징계를, 1970년대는 언어적 기록 뒤에 남은 잉여로서 실재계를 발견한다. 김상환, 『니체, 프로이트, 마르크스 이후』(서울: 창작과 비평사, 2002), p.77 참조.

34) 이동연, 「라캉의 유혹: 라캉 언어모델과 기표의 좌절」, (http://blog.naver.com/lyricism72. do?Redirect=Dlog&Qs=/lyricism72/80003376479), 검색일 2004년 9월 26일.

35) 슬라보예 지젝·김종주 역, 『실재계 사막으로의 환대』(고양: 인간사랑, 2003), p.53.

실재계의 윤리는 상상계의 자기 동일시의 논리와 상징계의 아버지의 이름과는 다르다. 그러한 자기 동일시로 인한 도덕 해체와 아버지의 이름이 표방하는 '제국의 도덕'[36]과는 달리 실재계의 윤리는 상상계와 상징계를 가로지른다. 파편화된 인류의 모습이 지금 우리의 현실과 실재계라면 상징계와 상상계는 실재계로 환대받지 못할 것이고, 해체와 흔적만이 환대받을 것이다. 왜냐하면 잉여로써 실재계는 자기 동일시와 아버지의 이름이 미치지 못하는 곳이기 때문이다.

따라서 지젝은 주체의 죽음을 선포하고 해체함으로써 주체에게 짊어져야 할 책임을 덜어주는 해체주의나, 원인을 사회적 조건이나 상황의 복잡성으로 돌리는 특정한 마르크스주의는 모두 원인을 밖으로 돌림으로써 자신의 판타지를 계속해서 유지하려는 자세이며 동시에 자신의 욕망의 실재계와 대면하려는 정직한 자세가 아니라고 말하며 이러한 그의 음성은 '도덕 해체' 혹은 '제국의 도덕'과는 다른 실재계 윤리의 한 측면을 제시하고 있다. 즉 윤리에 있어서 이러한 급진성은 "선과 악의 개념이 파괴와 창조의 힘에 굴복함으로써 서로 구분될 수 없는" 지경이며, "우리에게 세계를 무에서 창조할 가능성을 제공해"[37] 주는 것이다.

따라서 영화 <매트릭스>를 인용하며 실재계로의 환대를 부르짖는 지젝의 음성은 윤리를 실재계에서 하명하여야 함을 잘 말해주고 있다.

---

36) 테일러도 언급한바, 정복의 경제학과 지배의 심리학이 자기애라는 나르시시즘적 자기 동일성을 가진다면 상상계와 상징계의 자기 나르시시즘은 국가적인 차원으로 확장하여 윤리적인 측면에서 언급한다면 '제국의 도덕'이라고 말할 수 있다.

37) S. Kay, *Žižek: A critical Introduction*(Cambridge: Polity, 2003), p.109.

"…워쇼스키 형제들의 히트 작품인 <매트릭스>(1999)가 이런 논리를 그의 클라이맥스로 가져왔다. 우리들의 주변에서 우리 모두가 경험하고 바라보는 구체적인 현실이 가상의 현실이며, 우리 모두가 부착되어 있는 거대한 메가 컴퓨터에 의해 생성되고 조정되는 가상현실이다. (키아누 리브스가 그 역을 맡은) 주인공이 '**실재적인 현실**' 속으로 깨어나면서 불타버린 폐허로 어질러진 황폐한 풍경을 보게 되는데, 그것은 세계전쟁 이후 시카고에 남겨진 것이다. 저항의 지도자인 모르페우스가 아이러니한 인사를 건네 온, '실재계의 사막에 온 것을 환영합니다' 그것은 9월 11일 뉴욕에서 일어났던 유사한 질서의 그 어떤 것이 아니었을까? 시민들은 '실재계의 사막'으로 인도되었다."[38]

철학사에 끊이지 않고 제기되어야 할 물음이 있다. 가령 '어떠한 장소에서 신체성을 수반한 인간 행위를 옳거나 그르다고 판단하게 만드는 것은 무엇인가?', '어떠한 장소에서 신체성을 가진 우리는 어떻게 살아야 하는가?', '우리는 같은 장소에서 신체성을 가진 사람들을 어떻게 대해야 하는가?'의 같은 물음들이다.

그렇다면 이차 물음은 낭연해진다. '어떠한 장소에서 신체성을 가진 인간에게 옳고 그르다는 의미는 무엇인가?', '어떠한 장소에서 신체성을 가진 존재와 그러한 장소에서 그러한 존재의 가치는 근본적으로 같은가, 다른가?', '도덕적 언명들이 어떠한 장소와 신체성을 가진 인간에 대한 존재론적, 혹은 관계론적 언명이라면 이것은 감정에 불과한 것인가?'

이제 이와 같은 장소- 이는 무의식과 사이버스페이스까지 확장되며-와 신체성이라는 개념 설정으로 윤리적 문제는 실재계에서 명백해진다.

---

38) 슬라보예 지젝, 김종주 역, 『실재계 사막으로의 환대』, p.46. 강조는 논자, 실재적인 현실에서의 윤리는 신체성과 장소라는 개념을 반드시 전제하여야 한다.

Ⅲ. M. 테일러의 해체 신학과 흔적

이 시대의 헤겔로 부름 받기를 원하며 폴 틸리히(Paul Tillich) 이후 최고의 문화 신학자라고 불리는 테일러의 사상은 그를 앞선 많은 사상가들의 흔적들로 이루어져 있다. 콜럼비아 대학 종교학과(Department of Religion at Columbia University)에 재직 중인 그의 백과사전적인 방대한 지식과 예리한 통찰력은 근대철학의 거성 헤겔을 떠올리며, 왕성한 탐구정신을 바탕으로 문화비평, 문학, 영화, 미학, 미술, 건축학, 컴퓨터 공학 등 다양한 분야를 넘나들며 문화읽기를 시도하는 '경계를 넘고 간극을 메우는' 그의 학문적 방식은 포스트모던 학제적 연구의 선구적인 예시로 볼 수 있다.

하버드 대학 종교학과에서 철학적 신학 전공으로 1973년 박사 학위를 받았으며, 기존 신학에 도전하는 '해체신학'의 기수로서 눈부신 활약을 보였다. 1984년에 발표한 『방황(Erring)』은 해체신학의 정수로 평가받고 있다. 이 책을 통해 테일러는 일약 생존하는 신학자들 가운데 가장 위험한 인물이라는 평판을 얻게 된다. 그러나 그를 비판하는 사람들조차도 테일러가 가장 창조적인 재능을 가진 사상가 가운데 한 명이라는 점은 인정하고 있다. 그것은 테일러가 전통적 신학의 영역에 안주하지 않고, 끊임없이 다른 학문들의 경계를 넘나들며 대화를 시도한다는 사실에 있다.

1981년 덴마크 코펜하겐 대학에서 키에르케고르(S. Kierkegaard) 연구로 두 번째 박사 학위를 취득했으며 현대 문화 전반을 섭렵하면서 문화 속에 감추어진 종교적 의미를 드러내는 작업에 몰두하고 있는 그는 사실 이 시대의 헤겔이라 불릴만하다. 최근에는 라스베거스를 종교학적으로 해석하고, 지구촌 온라인 대학 및 인문학을 위한 테크놀로지 연구소를 만드는 등 '포스트모던 문화의 신학자'로 관심 영역을 넓혀가고 있다. 이제까지 17권의 책을 저술 혹은 편집했고 CD와 영화를 만드는 등 왕성하게 활동하고 있다.

처음에 테일러는 해체주의 철학자 데리다의 해체철학적 통찰력을 신학에 적용하여 80년대 중반 해체주의 신학사상을 주장하였으며 이후 문화 전반에 나타나는 종교의 의미를 파악하려는 테일러는 해체주의를 넘어 사이버스페이스 존재론까지 언급하고 있다.

테일러 사상의 흐름을 한눈에 파악하여 본다면 크게 세 부분으로 나눌 수 있다.[39] 테일러의 저작 중, 전기[40]라 할 수 있는 80년대 저서의 주요한 관점은 헤겔과 키에르케고르 연구이며 나아가 데리다를 위시한 해체주의 철학자들의 사상을 통해 포스트모던 무/신학(postmodern A/theology)[41]을 연구한 것이다. 이러한 그의 학문적 성향은 90년대 이

---

39) 『숨기기(Hiding)』의 서문에서 잭 밀즈(Jack Miles)는 필자와 비슷하게 테일러가 관심 가졌던 부분을 연령 대별로 구분하여 소개하고 있다. 가령 20대에는 독일철학(칸트, 헤겔, 니체 등)과 반헤겔주의자로서 덴마크의 키에르케고르를 탐독하였으며, 30·40대에는 언어철학과 프랑스 철학(푸코, 데리다, 크리스테바 등), 그리고 20세기 예술과 건축에 관심을 가졌으며 현재 50대에는 새로운 기술을 통해 사람들을 신세계로 이끄는 문화 철학자로서 '날카로운 지적 보고자(reporter)', '혁신적인 사상가'로 설명하고 있다(HI, 3-4).

40) 전기 사상의 주요 저작들은 다음과 같다. *Altarity*(Chicago: The University of Chicago Press, 1987); *Deconstruction in Context: Literature and Philosophy*(Chicago: The University of Chicago Press, 1986); *Deconstructing Theology*(The Crossroad Publishing Co. & Scholar Press, 1982); *Erring: A Postmodern A/theology*(Chicago: The University of Chicago Press, 1984); *Journey to selfhood: Hegel and Kierkegaard*(California: University of California Press, 1980)

41) 'A'를 비(非)로 번역 소개하는 논문이 있다(김영한, 위거찬, 한인철). 그러나 非보다는 무(無)가 더욱 테일러의 사상적 의도에 가깝다. 교토학파를 언급하는 테일러는 용수의 사상도 알고 있었으며, 無의 개념에 대한 해박한 이해가 있다. 즉 '무신학'은 '비신학'을 포월하여 넘어서나, 신학의 의미 역시 갖고 있는 포괄적인 개념이다.

후에는 문화의 다양한 영역으로 확장된다. 문화비평, 문학, 영화, 미학, 미술, 건축학, 컴퓨터 공학 등의 영역을 넘나드는데, 그 다양한 문화 속에 감추어진 종교의 의미를 추구하는 것이 중기의 사상[42]이라고 할 수 있다.

그리고 2000년대 이후의 글들은 사이버스페이스 존재론과 사이버 영지주의, 복잡성의 과학을 비롯하여 죽음과 신용 사기(confidence games) 등에 관한 문제까지 다루고 있다.[43] 이러한 후기 사상은 이제 새로운 영역을 개척하는 중인 것이다. 따라서 지금 현재 후기의 사상은 어떻게 진행될지 모르는 학자이다.

아무튼 테일러 해체론의 정수를 엿볼 수 있는 저서는 앞서 언급한 『방황(Erring)』이다. 이 책은 테일러의 사상에 독자들의 참여를 유도하는 '사상실험(thought experiment)'적인 작품이다.

> "오랫동안 서구 신학체계의 기초를 형성해온 관념들을 해체주의 관점으로 비판적으로 다시 읽음으로써, 나는 포스트모던적인 종교적 상상력을 위한 새로운 자료들을 드러내려고 시도할 것이다. 다른 사람들이 나와 더불어 나의 작업에 동참하는 한, 그들은, 내가 믿기로는, 점차적으로 스스로를 독자이자 동시에 저자로서 인식하게 될 것이다."[44]

---

42) 중기 사상의 주요 저작들은 다음과 같다. *About religion*(Chicago: The University of Chicago Press, 1999); *Critical terms for Religious studies*(Chicago: The University of Chicago Press, 1998); *Hiding*(Chicago: The University of Chicago Press, 1997); *Imagologies–Media philosophy*(New York: Routledge, 1994); *The Picture in Question*(Chicago: The University of Chicago Press, 1999); *Tears*(New York: State University of New York Press, 1990)

43) 후기 사상의 대표적인 저서로는 *The moment of complexity*(Chicago: The University of Chicago Press, 2001); *Grave Matters*(Reaktion Books, Jun, 2002); *Confidence Games*(Chicago and London: The University of Chicago Press, 2004) 등이 있다.

44) ER., 17

해체주의 사상에 동참하면서 우리는 테일러를 따라 서구신학의 근저인 '신-자아-역사-책'의 종말을 보게 되며, 해체주의 이후의 새로운 시작을 어렴풋이 짐작할 수 있다. '우리는 우리가 선 바로 그곳에서 시작해야 한다. 그리고 우리가 서 있는 곳이란 우리 자신이 서 있다고 믿고 있는 텍스트 안'이라는 테일러의 말에서 우리가 서 있는 곳이란 "신의 죽음, 자아의 소멸, 역사의 종말, 책의 닫힘이 있는 곳이다. 우리의 문제는 이 모든 것을 어떻게 상실과 동시에 소득으로서 생각할 수 있는가이다."45)

상실과 동시에 소득으로 생각하기 위해 테일러가 제시하는 길은 바로 방황(erring)인데, Err라는 말의 기원은 라틴어 errare이며 중세 영어의 erre, 프랑스어 errer, 프로방스어와 스페인어 errar, 그리고 이태리어 errare를 거쳐 오늘에 이르렀는데, errare(방황하다, 이리저리 헤매다, 배회하다)는 고트어 airzan과 어원이 같으며, 그 뜻은 '나쁜 길로 이끌다'는 뜻이 있다.46) Err의 파생을 테일러는 다음과 같이 말한다.

"Errable('오류에 빠지기 쉬운', '잘못하기 쉬운'); Errabund('닥치는 대로의'); Errancy('실수하고 있는 상태' 혹은 '실수 중에 있음'); Errand(제3자에게 반복되는 메시지, 언어소통; 다른 사람을 통한 청원 기도; 종이나 어린아이 같은 하급자가 메시지를 전하거나 혹은 보낸 이를 위해 어떤 간단한 업무를 수행하는 짧은 여행); Errantly('방황하고 있는', '방황하기 쉬운'; '이곳저곳으로 방황하는', '방랑하는', '유랑하는'; '움직임에 있어서 비규칙적이거나 탈중심적인'); Erratum('기록이나 인쇄에 있어서의 잘못'); Erre('부상', '상처'); Erre('분노'); Erroneous('방황하는', '헤매는', '목적 없이 움직이는', '배회하는'; '지혜의 길에서 벗어난', '신중치 못한'; '잘못 인도된'; 교리, 견해, 선언에 있어

45) ER., 17.
46) ER., 11-12.

정확치 않은, 틀린, 잘못된); *Error*(배회하고 방황하는 행위; 그래서 멀리 돌아가는 꾸불꾸불한 길, 방랑, 우여곡절; 원통함, 격노, 분함; 정열의 무절제, 견해에 있어 틀린 상태; 잘못된 관념 혹은 신념을 가짐; 현혹, 계교; 무지 혹은 부주의로 잘못 행한 것; 도덕적 정직성 으로부터의 이탈; 위반)[47]

물론 *Errant*라는 말도 있다. 이 말은 세 갈래로 나눠지는데,

"(1) 옛 프랑스어 *errer*. 이것은 라틴어 *iterare*(여행하다)에서 온 것이다: '순회하는 여행하는'; 모험을 추구하는 기사가 여기저기 여행하는; 서양장기에 있어 졸이 그 원래의 구획을 벗어나서 여행하는; 그리고 *Errant*는 '방랑하는 유대인' (2) 두 번째 갈래의 본래 개념은 불확실하다: 악명 높은 야비한 도둑. (3) 프랑스어의 *errer*. 이것은 라틴어 *errare*('헤매다', '방황하다', '배회하다')로부터 왔다: '정도에서 벗어난', '방황하는', '배회하는'; 본래의 진로 혹은 장소에서 벗어난; 일정한 진로가 없는. 이때에 *erring*의 뜻은 '방황하는, 배회하는; 올바르고 의도된 진로에서 일탈되는; 표시를 잃는'의 뜻이 된다. *Err*의 의미론적 갈래들은 *errancy, erratic, erratum, erre, erroneous,* 그리고 *errant*로 나눠진다."[48]

따라서 방황하는 무/신학자는 잘못된 개념들을 고려하고 제고하도록 요구를 받고 있는 것이다. 테일러가 제고하려는 개념들은 위반, 전복, 지배, 유용성, 소비, 통제, 자기도취, 허무주의, 소유, 섬뜩함, 반복, 비유, 저술, 보급, 탈취, 몰수, 부당성, 익명성, 지출, 희생, 죽음, 욕망, 기쁨, 방황, 탈선, 축제, 희극, 피상성, 육욕, 이중성, 전이, 비결정성, 그리고 방적(紡績)이다. "방황하는 사상은 '고유하게' 신학적인 것도 아니며, 종교적인 것도 세속적인 것도 아니고, 신앙적인 것도 비신앙적인 것도 아니다."[49]

---

47) ER., 12.
48) ER., 12.

이러한 무/신학은 테일러도 언급하는 바, 들뢰즈의 유목사상(Nomad thought)으로 정의되어야 할지 모른다.[50] 아무튼 이 책에서 테일러는 자신의 연구를 크게 두 부분으로 나누어 설명하고 있다. 첫째로 서구 신학체계의 본질적인 네 개념, 즉 신, 자아, 역사, 그리고 책과 관련한 해체주의의 함축적 의미를 탐구하고, 두 번째 부분은 이러한 개념들 각각의 해체주의적인 재구성에 할애하고 있다. 즉 신을 글쓰기로, 자아를 소멸 이후 흔적으로, 역사를 해체한 이후 방황으로, 그리고 책의 닫힘 이후 텍스트로 해석하는 것이다.

지젝은 '실재계로의 환대'를 언급하며 뉴욕세계무역센터(WTC)가 '9·11 테러'로 붕괴되는 장면을 든다. 그리고 그 붕괴된 자리에는 독일의 건축가 다니엘 리베스킨트(D. Libeskind)의 작품이 들어선다. 세계 최고의 건물이 될 첨탑(약 540m)을 상징물로 내세운 리베스킨트의 작품은 둥글고 각진 기하학적 구조를 지닌 5개의 타워빌딩을 주축으로 하고 그 주위에 보다 작은 빌딩을 겹겹이 세우는 것으로 되어있다. 첨탑에는 고도별로 세계 각지의 식물들을 전시한다고 한다.

문명은 무너지면 더욱 견고해지는 것인가? 모순적이지만 신은 죽어서 부활한다는 역설을 이 두 사진을 병렬함으로 역설적으로 보여줄 수 있다. 동시에 실재계는 어김없이 상징계의 죽음 위에 자신의 자리를 차지하고, 그 자리는 잉여, 혹은 우수리로 바뀌며 따라서 라캉의 '미켈란젤로의 모세'는 오늘도 십계명을 떨어뜨릴락 말락 하고 있다.

---

49) ER., 12

50) Gilles Deleuze, "Nomad Thought", in *The New Nietzsche: Contemporary Styles of Interpretation*, ed. D. B. Allison(New York: Dell, 1977), pp.142-149. 참조.

1. 신의 해체

1799년 피히테의 무신론 논쟁[51] 이래, 신을 자연에 있어서 최고의 존재(summon)와 초월적 존재로 보는 전통적인 신개념(유신론)은 신인 동형론(anthropomorphism)으로 해석될 수 없다고 이해되었다. 그러나 관념론이 절대정신으로 그것을 대신했을 때, 포이에르바하(Ludwig Feuerbach)는 그것을 상상의 하늘에 던진 인간의 본질의 상징적인 투사라고 했고, 니체는 이 비판을 '신의 죽음'이라는 말로 종합했다. 니체에 있어서 물론 신의 죽음은 2000년의 서양 역사의 운명인 형이상학의 종말을 의미했지만, 또한 그것은 기독교 하나님의 죽음을 의미한 것임은 명백하다고 할 수 있다. 그러나 이 과정, 즉 '신의 죽음'의 과정은 곧 현대화의 과정이요, 현대화의 과정은 또한 '세속화'의 과정이기도 하다. 따라서 신죽음의 선언은, 인간 성숙의 과정이자 그 성취라고 할 수 있다.[52]

즉 근대에 있어서 신의 죽음은 인간의 적극적인 활동의 결과였다. 사

---

51) 피히테에 있어서 무신론 논쟁에 관한 그의 책들에 대해서는 다음을 참조하라. Werke, Vol. Ⅲ(ed. Medicus), pp.151–415, 특히 "Über den Grund unseres Glaubens an eine göttliche Weltregierung", pp.119–33을 참고; Hans Küng, Does God Exist? p.137(박봉랑, 『신의 세속화』(서울: 대한기독교출판사, 1990), p.60 각주 4에서 재인용).

52) 박봉랑, 『신의 세속화』, p.60.

실 신의 죽음은 인간에 의한 살해인 것이다. 그러므로 이제 우리는 영원히 거주할 장소, 발 디딜 터를 상실한 것이다. 신을 살해한 니체의 말대로 우리는 이제 무한한 '허무 속을 방황(Irren wir nicht)'하는 것이다.[53]

테일러의 해체주의는 니체의 이 방황(irren)의 선포에서 새로운 시대가 동터옴을 보는 동시에 방황이 참된 방황이 되기 위해서는 니체가 미완의 것으로 남겨놓았던 신 살해의 모티브를 철저히 진행시켜야 한다고 주장하는 것이다.[54] 이런 점에서 로고스 중심주의에 대한 거부로서 해체주의는 '신죽음의 해석학'으로 이어짐으로 기독교 신학 안으로 자연스럽게 수용되며[55] 동시에 신을 해체한 이후 근대적 자아의 부활이 포스트모던 의미에서 자아의 소멸로 다시금 진행되는 것이다. 즉 신을 죽인 자아가 다시금 소멸/죽게 되는 것이다.

사실 근대적 이성의 여명은 중세를, 아니 인간이 탄생하면서부터 인간의 전 운명을 좌우하던 신과 자연 세계에 도전함으로써, 세계와 인간에 대해서 지배권을 행사해오던 신의 죽음을 인간의 이름으로 선포한다. 즉 전통적인 '신-학'을 '인간-학'으로 대치하는 '신학의 인간학적 전환'이 발생하는 것이다. 따라서 포이에르바하의 말처럼 "인간이 인간에 대해서 신이며(homo homini deus)", 그럼으로 신학은 인간학이 되는 것이다.[56]

그러나 이러한 신 죽음의 신학은 인간 주체성의 이름을 가졌지만,

---

53) ER., 19.

54) 상징계의 신을 살해하며, 주체가 그 자리에 신의 역할로 자리매김하기에 좀 더 철저한 해체의 전략이 수용되어야 할 것이다. 앞서 언급한 미켈란젤로의 모세가 십계명을 떨어뜨리지도, 그렇다고 꽉 쥐어 잡지도 않은 그 긴장은 실재계의 장소를 잘 말해 준다. 윤리는 그러한 긴장을 버티는 것이다.

55) 이러한 수용을 불교의 즉비의 논리와 대화시킨 논문으로는 다음을 참조. 김승철, 「무주와 방황—즉비의 논리와 해체의 신학—」, 『종교신학 연구』 8집, 서강대 종교신학 연구소, 1995.

56) 루드비히 포이에르바하, 강대석 역, 『기독교의 본질』(서울: 한길사, 1992) 참조.

중세적 보편을 빙자한 폭력성의 모습으로 여전히 나타나고 있다. 인간은 인간인바, 자신을 구원할 수 없었던 것이다. 테일러의 해체신학이 직시하는 것이 바로 이러한 점이다. 신 죽음의 논의인 휴머니즘적 무신론도 스스로가 거부하였던 유신론적 신 관념과 마찬가지로 타자에 대한 "지배와 정복의 심리학"을 그대로 답습하고 있다는 사실이다.

인간의 이름을 통한 휴머니즘적 무신론도 신의 이름으로 다른 타자를 부정하였던 유신론과 마찬가지로, 타자인 신을 부정함으로써 자기 자신의 주체성을 주장하고 자신의 자기 동일성을 유지하려고 한 만큼 또 다른 타자인 자연과 다른 인간 존재를 부정하는 것이다. 그러므로 신을 부정하는 허무주의적인 타자 부정은 인간의 자기애(自己愛)적인 주장으로 모습을 바꾸어서 부활하며 바로 여기에 극복의 대상으로서 모더니즘의 본질이 있는 것이다.

따라서 테일러의 해체주의 신학은 타자를 부정하고 보편을 빙자한 폭력성을 해체하기 위한 신 죽음의 모티브를 더욱 철저히 하기 위해 자기애적인 자기주장의 주체인 인간의 '자기'[57]마저 해체되어야 한다고 말한다.[58] 신을 죽인 자아마저 죽어야 한다는 것이다.

1) 로고스 중심주의의 해체

이러한 해체의 신학은 서구 신학에서 중추적 역할을 담당하면서 서로 유기적으로 연결되어 있는 '신-자기-역사-책'의 연쇄망을 해체

---

57) 자기주장의 주체로서 자기는 동일한 의미이다. 곧 테일러는 주체(subject)의 자기, 혹은 자아(self)를 같은 의미로 사용한다.
58) ER., 183.

하는 것에 초점을 두고 있다. 자아는 신과 역사, 책을 연결하는 모든 의미를 자신 안에 갖고 있는 신 죽음 이후 무소부재의 권능자이다. 그의 내면에 자리 잡은 로고스중심주의는 견고한 연쇄망으로 해체의 손길을 거부하고 있다.

아무튼 해체주의는 자아를 중심으로 연결되어 있는 이러한 연쇄 고리가 의존하고 있는 로고스 중심주의를 근원에서부터 뒤흔드는 신학이다. 이렇듯 해체 작업의 뇌관은 바로 로고스 중심주의이므로 이 '로고스', '중심주의'를 해체하는 일이 관건이 되는 것이다. 그것은 로고스에 의해서 뒷전으로 밀려난 비(非)로고스의 회복이며, 중심주의에서 변방으로 밀려난 타(他)로서의 변두리의 복권을 말하는 것이다. 비존재, 타자의 복권인 것이다. 따라서 중심으로의 구심적인 획일화가 아니라, 변두리를 향해서 원심적으로 해체되어 변두리들의 차이를 존재의 범주로 삼는 다원주의에로 향할 수 있는 것이다.

한마디로 그것은 로고스 중심주의가 빚어낸 대립 도식들-이성과 반이성, 중심과 변두리, 동일성과 차이성, 현전과 부재, 초월과 내재, 거룩과 속세, 신과 세계, 인간과 세계, 역사와 자연 등등-의 경계를 문질러버리는 것이다. 그 경계를 문질러버리기 위해서 해체의 신학은 모든 이분법의 경계를 따라가면서 일일이 지워버린다.

따라서 테일러는 신의 일방적인 권위가 사라지고 난 이후, 타자와 동일자 사이의 끊임없는 '거울유희(mirror play)'[59]로부터 생겨나는 '구성적 관계성(constitutive relationality)'의 장인 '글쓰기(writing)'를 유일한 현실로 내세운다.[60] 그리고 '글쓰기'는 로고스로서의 의미를 추구하지

---

59) DT., 87-103. 참조
60) ER., 79-120 참조.

않는다. 여기의 글쓰기에서는 모든 중심이 사라진다. 모든 곳이 중심이고, 따라서 순서와 시차가 사라지는 것이다. 즉 신의 부정(negation of God)은 글쓰기에서 단어의 육화(word incarnate)로 대체되는 것이다.[61]

테일러는 해체신학을 "신 죽음의 해석학이고 신의 죽음은 해체의 무/신학이다"[62]고 이야기하며 다음과 같이 말한다. "해체주의는 신 죽음의 해석학이다. 이것은 포스트모던적인 무/신학을 위한 출발점을 마련해 준다."[63] 이러한 테일러의 '방황'[64]으로서 신 죽음의 해석학은 신 죽음의 모티브를 극단적으로 밀고 나가는 포스트모던 신학의 새로운 양태이다.[65]

앞서도 인용한바, 실수하는 사유(방황)는 신학적인 것도 비신학적인 것도 아니며, 그것은 유신론적이거나 무신론적인 것도 아니며, 종교적인 것도 세속적인 것도 아니고, 신앙적인 것도 비신앙적인 것도 아니다.[66]

또한 해체신학의 정수를 보여주는 『해체신학(Deconstruction Theology)』에서 테일러는 포스트모던 신학의 무신론적 성격을 "무신론임에도 불구하고 포스트모더니즘은 종교적이며, 이러한 무신론적 종교성은

---

61) ER., 116.

62) DT., ⅹⅸ

63) ER., 6.

64) cf. 장 보드리아드에 의하면 방황의 장(場)은 사막이다. 왜냐하면 방황은 역사의 종언, 길의 종언이기에 역사가 끝나는 곳인 사막에서 시작되기 때문이다. 그러므로 추상화된 지도 위에서 영토가 썩는 것과는 달리 사막에서는 일체가 썩지 않는다. 지도가 없기 때문이다. Jean Baudrillard, simulation, 하태환 역, 시뮬라시옹(서울: 민음사, 1992), p.13. 그리고 실재계의 사막은 바로 지도로서의 사막이 아니라, 가변하는 실재 사막이다. 물론 사막은 언어 이전의 우리 인식에까지 확장된다.

65) 이런 측면을 철저기독론으로 풀어낸 것으로는 다음을 참조하라(최병학, 「신 죽음의 해석학과 수육된 말씀으로써 글쓰기: Mark C. Taylor의 해체신학의 철저기독론적 재구성」, 한신대학교 신학대학원 1998년 석사학위논문).

66) ER., 11.

진정한 포스트모던 신학을 위한 출발점을 제공해 준다"[67]고 말한다. 이후 이러한 무신론적 종교성은 테일러의 중기, 후기 사상에 지속적으로 드러나 다양한 문화 현상에 숨어 있는 종교성을 찾는 그의 작업으로 이어진다.

즉 무/신학은 전통적인 유신론의 출발점인 신이나 무신론의 출발점인 인간을 모두 뛰어 넘어 제3의 것을 추구하는 것이다. 그러나 그렇다고 해서 제3의 것이 별도로 있는 것은 아니다. 그것은 오직 발음되지 않지만 쓰이는 " / "로써만 존재한다. " / "는 신학과 무신학을 한숨에 발음하고 붙잡으면서 동시에 신학과 무신학 양자 모두를 전도시키는 것이다. 이런 의미에서 무/신학의 근거인 " / "은 신학과 무신학 양자의 근거를 모두 박탈하는 근거 아닌 근거이다.[68]

니시다는 이것을 장소의 논리로 야기는 장으로 개념화한 바 있는데, 박동환은 이러한 근거 아닌 근거를 ' 〔 〕 '로 표기한다. '풀 수 없는 상자'라는 뜻으로 노자 도덕경의 '道' 자리에 대체하여도 좋을 것이라고 한다.

> "道可道非常道. 이 첫째의 명제로부터 노자의 굵은 줄거리가 풀려나가고 있다. 그 명제를 '道라고 풀이할 수 있는 그것은 한결같은 道가 아니다'라고 풀이함이 어떨까? '可道'라는 풀이말로써 풀이할 수 있는 그것은 老子가 가리키는 '道'가 아니기 때문이다. 그렇다면 '可道'라는 풀이말의 主語 또는 主題가 들어앉을 자리에 道라고 쓰지 않고, 풀 수 없는 상자라는 뜻으로 〔 〕 같은 모양을 끼워 넣어 ' 〔 〕 可道非常道'라고 씀이 더 어울릴 것 같다."[69]

---

67) DT., x x.

68) 김승철. "무주와 방황—즉비의 논리와 해체의 신학—", p.182.

69) 박동환, 『안티호모에렉투스』(강릉: 길, 2001), p.120. 이러한 〔 〕 는 이 책 ' 〔 〕 에 대하여: 붙임 1' 단원을 참조. 논자는 박동환의 〔 〕 가 흔적을 이미지화했다고 생각한다.

아무튼 테일러는 " / "를 "비변증법적 삼항(nondialectical third)", 혹은 "불가사의한 삼항(missing third)"[70] 등으로 부르면서 이를 통해서 지금까지 신학이 사유하는 데 실패했던 유신성과 무신성의 "중(between)"의 사유[71]를 찾아 나선다. 데리다는 이것을 "비근원적 근원(nonoriginal origin)"이라고 불렀는데, 테일러는 이러한 데리다의 철학적 작업을 주시하며 신학적인 통찰을 얻고자 한다. 즉 헤겔의 객관적 변증법과 키에르케고르의 실존적·주체적 변증법 사이에서 움직이는 것을 예의 주시하면서 그로부터 신학적 통찰을 얻고자 한 것이다.[72]

결론적으로 이들의 작업은 둘 다 헤겔이 말하는 '절대지' 너머에 있는 '차이'와 '타자성'을 키에르케고르적인 통찰을 통하지 않고 말할 수 있는 가능성을 추구한 것이다.[73] 즉 키에르케고르의 'either/or'도 아닌, 헤겔의 'both/and'도 아닌[74] 논리인 것이다. 이를 강태원은 '탈/변증법'이라 부른다. 그리고 이 탈/변증법은 '양자모두(both/and)'의 논리가 아니라 '양자부정(neither/nor)'의 논리인데, 이것은 변증법에 포착되지 않으며 테일러가 언급하는 '부정성(무)'은 곧 흔적의 다른 이름이 되는 것이다.[75]

---

70) TE., 79-81 참조.

71) TE., 78. between을 '사이' 혹은 '틈'으로 번역하기보다는 불교적 의미를 가미한 중으로 번역하는 것이 더 적당할 것이다.

72) TE., 75. ; AT., ⅹⅹⅹ. 참조.

73) AT., ⅹⅹⅶ.

74) ER., 2.

75) 탈/변증법에서 탈(de-)이란 변증법의 탈을 벗어버림 또는 미끄러짐을 의미한다. 즉 내부에서 야기된 부정성, 즉 절대는 상대에 대한 부정성에 근거하고, 상대는 절대에 대한 부정성에 근거한다고 할 때 이 부정성은 영원한 흔적으로서 남겨져 있다. 이 흔적으로 남는, 변증법에 포착되는 듯하지만 결코 붙잡히지 않는 것, 그리고 그와 같은 관점에서 존재를 읽어나가는 것, 이것을 '탈의 독법'이라고 할 수 있다. 끊임없는 역설(paradox)과 반복의 구조를 지니는 것이다(강태원, 「탈근대적 신학적 담론 연구: Mark C. Taylor의 '비/신학'에 대한 소론」, 감리교신학대학교 신학대학원 2002년 석사학위논문, p.32.).

테일러는 교토 학파의 니시타니 게이이치(西谷啓治)를 언급하고 대승불교의 중관사상(the middle way)을 'neither/nor'로 풀이하며 윤리의 영역을 말할 수 있는 근거를 제시한다.

> "처음에는 불교의 중관 사상은 무(not)의 'neither/nor'와 유사하였으나, 니시타니의 노력으로 동양적인 의미를 회복했으며 서양은 무의 관념에서 존재의 형이상학에 영향을 미치게 되었다. 세계부정적인 허무주의보다는 니시타니의 무의 종교는 윤리적 행동을 위한 비평적 저항을 갖지 않는다."[76]

아무튼 테일러는 이러한 논리로 근대적 형태의 휴머니즘적 무신론을 지배의 심리학으로 이해하며 이를 비판하면서 신의 죽음을 통한 로고스중심주의의 해체를 좀 더 철저화시키고 있다.

> "근대적 형태의 신의 죽음은 휴머니즘적 무신론으로 나타났던 반면 포스트모던적 형태는 포스트 휴머니즘적 무/신학(posthumanistic a/theology)을 지향한다. 인간의 이름으로 신을 부인함으로 휴머니즘적 무신론(humanistic atheism)은 창조자/피조물의 관계를 역전시켰으며 신학을 인간학으로 대치시켰다. 이와는 대조적으로 포스트 휴머니즘적 무/신학은 이 전복이 필요하기는 하지만 충분하지는 않다고 한다."[77]

왜냐하면 휴머니즘적 무신론자는 '신의 죽음'이 동시에 '인간 자신의 죽음'이라는 사실을 깨닫지 못하였기 때문이다. 그러나 이러한 중요한 차이에도 불구하고 이 두 견해는 같은 방향을 취하고 있다. 그럼으로 완전하게 수행되어진다면 휴머니즘적 무신론은 자신을 부정하고 포스트 휴머니즘적 무/신학으로 진행될 것이다.[78]

---

76) NT., 3.
77) ER., 20.

테일러의 이러한 사고는 철저히 포스트모던적 사유방식과 데리다의 해체에 도움을 받고 있다. 그는 포스트모더니즘과 해체주의가 해체의 신학에 대해 갖는 의미를 다음과 같이 말하고 있는데, 우리는 이 말을 해체신학의 정의로 간주할 수 있다.

> "포스트모더니즘은 되돌릴 수 없는 상실과 치유 불가능한 방황에 대한 감정과 더불어 시작된다. 이 상처는 죽음-이 죽음은 신의 죽음에서 '시작'해서 우리들 자신의 죽음으로 '끝나'는 데-에 대한 치명적인 자각에 의해서 입혀진 것이다. 우리들은 아무런 장소도 아닌 장소와 시간 사이에 있다. 여기에서 우리들의 사유는 '시작하여야' 한다."[79]

테일러에게 있어서 이전의 신 죽음의 신학은 초월과 내재의 이분법에 기초한 것이라고 한다. 즉 알타이저(Thomas Altizer)가 선언한 신 죽음은 바르트(Karl Barth)가 선포한 초월적 신의 죽음인데, 사실 바르트는 초월적 신에 대해 급진적으로 긍정함으로써 서구 신학이 남긴 유산을 부정한다. 그러나 알타이저는 바르트의 부정을 부정함으로써 초월의 모든 흔적이 삭제된 급진적 내재를 긍정한다.[80] 그럼에도 불구하고 알타이저는 신의 죽음을 선언할 때 현존으로 이해된 전통적인 존재 이해를 벗어나지 않고 있다. 테일러는 알타이저를 다음과 같이 비판한다.

> "알타이저의 논지는 바르트의 입장도 그 하나의 변이에 불과한 전

---

78) Ibid. 신을 해체한 주체 역시 해체의 대상이 되는 것이다.

79) ER., 6.

80) Mark C. Taylor, "The End(s) of Theology", *Theology at the End of Modernity*, Sheila Greeve Davaney et.(Philadelphia: Trinity press, 1991), p.239.

통적인 유신론의 오해에 기초하고 있다. 전통적 유신론은 참된 존재(true Being)의 위치가 시간과 공간의 세계에 대해 내재적이기보다는 초월적인 것으로 정의한다. 그러므로 알타이저의 시각에서 성육신을 통한 신의 전적인 현존은 타자의 죽음을 표시하며 현재 안에서 현존을 향유하는 바로 그 가능성을 지니게 된다. 신의 죽음을 통해, 초월적 현존은 시간과 공간 안에서 전적으로 현재하게 된다. 그러므로 신의 동일성이 인간의 동일성으로 완전히 나타나면, 차이와 화해되지 않은 타자성이 극복된다."[81]

신의 죽음으로 절정에 이른 모더니즘은 서구 사상의 전통적인 지배구조의 전복을 의미한다. 즉 신의 지배 대신 인간의 지배를 택한 것이다. 그러나 포스트모더니즘은 이러한 지배구조의 전복 대신 지배구조 자체의 해체를 말하고 있다는 점에서 근대를 뛰어넘는다.

신의 지배 대신 인간의 지배를 대치시킨 근대정신의 핵인 휴머니즘적 무신론은 데카르트에 기초한다. 그의 작업은 이후 서양 철학의 흐름을 인식론 중심으로 이끄는 역할을 한다.

근대의 인식론의 공통된 특징은 일종의 토대주의(foundationalism)로서, 철학의 제1차적 목적이 지식의 확실한 기초를 제공하는데 있다는 생각이며, 그런 의미에서 인식에 있어 흔들리지 않는 '아르키메데스의 점'을 찾고자 한 시도라고 할 수 있다.[82]

근·현대 서양 철학사에서 지배적인 흐름이었던 이 같은 시도의 원류는 진리의 토대가 영원불변의 이데아들에 있다는 플라톤의 주장에까지 소급될 수 있으나, 고대 희랍의 사유와 구별되는 근대 인식론의 특징은, 모든 것을 의심할 수 있으나 생각하는 나의 존재는 의심할 수 없다는 데카르트의 실체적 주체관에서 여실히 드러난다.

---

81) Ibid., pp.239-240.

82) 윤평중, 「탈현대와 철학적 지평의 확대」, 『철학과 현실』 가을호, 철학문화연구소, 1990, p.225.

명증한 의식을 지니고 자연이나 실재를 반영-구성하는 주체는 인식의 원점이며 가장 중요한 지표라는 주체관은 데카르트의 '마음'을 시작으로 칸트의 '선험적 주관성', 훗설의 '초월적 주관성', 사르트르의 '대자 존재' 등으로 조금씩 변용되지만 크게 보아 근대적 의식의 뼈대를 이루고 있다고 할 수 있다.[83]

이러한 데카르트의 정초된 확실성으로서의 진리와 루터의 종교개혁 사상의 도화선이 되었던 '우리를 위한 하나님(deus pro nobis)', 그리고 자연을 자연 자체로서가 아니라, 인간의 물음에 대답된 합리적 자연으로서 자연을 다룬 자연과학의 등장과 맥을 같이 하는 것이다. 즉 실재는 인간 밖에 그 자체로 존재하는 것이 아니라, 인간의 물음과 사유에 노정된 한에서만 존재한다. 그래서 데카르트에게 있어서는 신도 인간의 사유의 명증성과 확실성을 위해 존재하지 않으면 안 된다고 주장함으로써 진리의 인간학적 환원의 기초를 놓았던 것이다.

따라서 이러한 근대정신과 계몽주의 정신이 살해한 신은 초월적인 기독교의 창조자였다. 테일러는 자기원인(causa sui)이며, 제일 원인(prima causa), 또는 부동의 동자(the unmoved mover)인 신을 "자기성의 완전한 실현과 근원적인 근거로서 전적인 타자이고 절대적인 타자(Alterity)"[84]라고 말한다. 그러나 전적인 타자로서의 신에 대한 표상은 인간의 존재에 대한 전적인 타자인 비존재로서의 죽음에 대한 표상이다. 따라서 테일러는 데리다의 다음의 말을 인용한다.

"신은 그러므로 우리들로부터 우리들의 본성과 우리들 자신의 출

---

83) Ibid., p.225.
84) ER., 23.

생을 빼앗아 가는 것에 대한 적합한 이름이다. 결과적으로 신은 언제나 우리보다 앞서서 몰래 말한다. 그는 나 자신과 죽음으로서의 나 자신 사이에서 자기 자신을 은근히 심어주는 차이이다."[85]

그러므로 신의 죽음은 신이 당하는 죽음뿐만 아니라 신 자신의 (God's) 죽음, 또는 신인 바의(God is) 죽음을 의미한다. 신은 죽음이고 죽음은 절대적인 지배자이다.[86] 계속해서 테일러는,

"타자를 꿰뚫어 보는 눈은 부적합한 것처럼 보인다. 왜냐하면 그것은 자기-동일성을 파괴시키기 때문이다. 자기와 타자의 거울 유희에서 자기는 타자에게서 반영된 자기 자신을 본다. 이 복제가 자기-소외를 야기한다. 타자로서의 타자와의 직면은 타자로서의 자기와의 만남으로 이어진다. 권능자와 직면해서 자기는 자기 자신을 잃어버림을 깨닫는다. 왜냐하면 자기는 타자로서의 자기 자신을 발견하기 때문이다."[87]

이것은 근대 무신론적 휴머니즘의 신 죽음이 절대 타자에 대한 부정이며 인간 존재의 죽음에 대한 부정이라고 할 수 있다. 그래서 소외를 극복하고 자기-소유를 획득하기 위해서 노예는 주인을 거역하고, 아들은 아버지에게 반항한다.[88] 왜냐하면 노예의 목적은 주인을 정복하는 것(mastery of the master)이고, 아들의 목적은 아버지의 자리를 차지하는 것이기 때문이다. 그러나

"정복을 위한 투쟁은 긍정과 부정을 결합시킨다. 자기는 타자를 부

---

85) ER., 23.; Jacques Derrida, *Writing and Difference*, trans. by Alan Bass(Chicago: The University of Chicago Press, 1978), p.181.
86) ER., 23.
87) ER., 23.
88) ER., 23.

정함으로써 자기 자신을 주장하는데 자기는 이것을 철저히 부정적인 용어로 여기게 된다. 결과적으로 반항하는 주체는 부정의 형태를 구체화하는데, 이 부정 안에서 동일성은 차이를 배제함으로써 자기를 확보한다. 정복의 '논리'를 밑에서부터 뒤집는 대신에 이러한 부정적인 활동은 단순히 그 끝을 반전시킬 뿐이다. 자기는 단순 부정의 논리에 사로잡혀 있으며 이것은 비모순적인 동일성의 논리(noncontradictory logic of identity)에 묶여있게 된다. 이것이 논리의 비모순적인 동일성을 정착시킨다."[89]

그리고 이러한 비모순적 동일성의 논리는 "타자 안에서 자기를 자각함으로써 자기는 타자 안에서 자기를 발견한다. 주체는 타자를 본질적인 존재로 보지 못하고 타자 안에서 자기 자신만을 볼뿐이다."[90] 즉 타자에게서 자기 자신만을 바라보는 공격의 논리라고 할 수 있다. 이것이 바로 니체의 신 살해의 서곡이라고 할 수 있다. "노예는 주인을 자기 자신의 반대급부로서 보지 않고, 주인을 독립적이고 완전한 자기로 인식한다. 그리고 그것은 노예 자신이 추구하려고 했던 것이다."[91]

따라서 독립적이고 완전한 자기 동일성인 주인을 살해함으로 노예는 주인의 완전성과 독립성을 찾으려 한다. 즉 근대 신 죽음의 수행은 인간의 자기 신성화인 것이다. 테일러는 다음과 같이 말한다.

> "주인을 그 자리에서 쫓아내려는 가운데 주체는 주인이 되려 한다.
> 주인이 신이고 노예가 인간이라면 인간의 신 살해는 자기-신성화
> (self-deification)의 행위이다."[92]

---

89) ER., 24.
90) ER., 24.
91) ER., 25.
92) ER., 25.

이런 맥락에서 프로이드의 오이디푸스 콤플렉스의 본질은 바로 독립적이고 완전한 자기 동일성이며 자기 원인(causa sui)인 신이 되려고 하는 인간의 콤플렉스라고 할 수 있다. 이렇듯 부친 살해와 신 살해, 여기에 신성과 인간성의 자리바꿈을 통해 인간성을 주체로 내세우려는 근대정신을 볼 수 있다. 이것은 포이에르바하가 말한 '인간이 인간에게 있어서 신(homo homini deus)'이고 신학은 인간학인 것이다. 그러나 이러한 주어적 논리, 비모순적 자기 동일성의 논리를 테일러는 다음과 같이 비판한다.

> "신성이라는 술어를 인간이라는 주어로 이동함으로써 휴머니즘적 무신론자들은 억압의 논리(the logic of repression)를 역전시키지만, 밑으로부터 철저히 뒤집는 데에는 실패하였다. 이러한 역전에서 주인과 종의 문제는 풀려지기보다는 오히려 재배치되었다. 지배하는 신의 죽음은 이제 지배하는 자기의 탄생으로 변하였을 뿐이다."93)

왜냐하면 신의 반영으로서 인간 역시 철저하게 자기 동일성을 자신 안에 가진 존재이기 때문이다. 특히 근대적인 자율적 인간은 세계를 창조한 신과 마찬가지로 왕성한 '구성적 활동'을 통해서 신이 누렸던 저자(Author)의 권위(Authority)를 대신 향유한다.94) 로고스 중심주의는 해체되었으나 자아가 그 로고스의 흔적을 계속 부여잡고 있는 것이다.

---

93) ER., 25.
94) AT., ⅹⅹⅱ.

2) 해체적 무/신학

테일러는 신과 자아, 역사와 책이라는 개념에 존재하는 연쇄망이 서구신학 내에서 로고스중심주의라는 이름으로 지배적인 위치에 군림해 왔음을 살피고 이러한 개념의 연쇄망이 존재와 현재의 동일시를 이끈다고 지적한다. 따라서 다음과 같이 이야기한다.

> "존재와 현재(presence/present)의 동일시는 지배에 대한 다양한 투쟁을 야기한다. 이것은 차이를 배제하고 부재를 억누름으로써 동일성을 확보하려는 투쟁이다. 나는 이러한 투쟁이 신의 살해, 자아에 대한 의문, 역사의 담론, 그리고 책의 형성에 반영되어 있음을 살펴보았다."[95]

그리고 이러한 형이상학적인 체계는 헤겔에게서 완성을 보았는데, 테일러는 헤겔에 대한 가차 없는 비판자였던 키에르케고르라는 매개를 통해서 헤겔을 다시 읽는다.[96] "헤겔에 대한 키에르케고르의 혹독한 비판은 해체주의의 종말론 비판과 종말의 부정의 전초였다."[97]

테일러는 자신의 해체주의의 근간을 이루는 헤겔, 키에르케고르, 니체에 대한 데리다의 해석을 꼼꼼하게 분석하고 있다. 헤겔과 니체,

---

95) ER., 98.

96) 이에 대한 테일러의 자세한 논의는 JO.를 참조. 이 책에서 테일러는 헤겔과 키에르케고르를 '꼬리에 꼬리를 무는 구조'로 바라보고 있다. 사실 책의 목차가 두 사상가의 전개 구조의 동일성을 지적하고 있다. 이 것은 키에르케고르의 사상이 헤겔 체계의 언어를 사용함으로써 헤겔철학을 비판하기 때문이다. 헤겔이 '양자모두(both/and)' 하면 키에르케고르는 '양자택일(either/or)'이다. 그러나 테일러는 '양자아님 (neither/nor)'의 사유이다.

97) ER., 99. 헤겔은 근대적 신앙이란 '불행한 의식'을 그리스도의 중재에 의해 극복하며 '평안'(본향 집에 거하는 것)에 이르는 것인 반면 키에르케고르에게 있어서 근대적 신앙이란 '절대적 초월자'에 의해서만 주어지는 결단 속에서의 평안을 얻을 수 있으며, 이후 인간 실존은 계속된 순례자의 삶으로 평가된다(강태원, 「탈근대적 신학적 담론 연구: Mark C. Taylor의 '비/신학'에 대한 소론」, 감리교신학대학교 신학대학원 2002년 석사학위논문., p.11의 각주 12번 참조.

그리고 데리다의 저작에 관해서는 테일러가 편집한『문학과 철학 작품 속의 해체(*Deconstruction in Context; Literature and Philosophy*)』와『타자본위(*Altarity*)』에 잘 나와 있다.『문학과 철학 작품 속의 해체』서론에서 테일러는 체계(System), 구조(Structure), 차이(Difference), 타자(Other)에 대해 이야기하고 있으며 헤겔과 니체 그리고 데리다의 주요저작들을 살펴보고 있다. 그리고『타자본위』에서는 몇몇 철학자들을 그들의 중심주제와 함께 언급하고 있는데, 헤겔을 '개념(Conception)'으로, 데리다를 '고쳐쓰기(Rewriting)'로 살펴보고 있다. 그리고 테일러는 키에르케고르를 '죄(transgression)'로 살펴보는데,『방황』에서는 다음과 같이 정리하고 있다.

> "키에르케고르는 의도적으로 헤겔을 전체주의적인 체계를 이루는 동일성의 철학자로 오독하였다. 그래서 너무나 자주 차후의 해석자들은 순진하게 키에르케고르의 헤겔에 대한 비판을 수용하기에 변증법적인 긴장(dialectical tension)을 인식하는데 실패하거나 잊어버린다."[98]

해체적 무/신학은 신의 죽음과 '철저 기독론(radical christology)' 사이의 필연적인 연계성을 깨달음으로써 시작된다. 니체의 신의 죽음은 60년대 신 죽음의 신학에 와서 신-학은 그리스도-론으로 부활하였다. 그러나 신 죽음의 신학은 신론을 인간론으로 대체한 포이에르바하의 인간학적인 전환에서 신학의 방향을 상정하였지만 앞에서 살펴 본대로 그것은 아직 신 죽음의 모티브가 지니는 철저성에는 도달하지 못하였다. 왜냐하면 신 대신 그리스도가 초월적인 기의로 남

---

98) ER., 99.

아있기 때문이다.

> "신의 죽음은 저 멀리서 지배하던 초월적인 '저자/창조자/주인'의 희생이다. 성육신은 변경할 수 없게 실체 없는 로고스를 지우며 해석의 무한한 유희에서 규정된 글(script)이 되는 말을 새겨 넣는다. 성육신을 기입(inscription)으로 이해하는 것은 말을 발견하는 일이다. 수육된 말은 경전 [script(ure)]이고 우리들이 그 안에 기입되어 있으며 우리들이 기입하는 글쓰기이다. 모든 글쓰기와 마찬가지로 육적인 말은 위반하기 쉽다."[99]

따라서 논의를 더욱 진행시키면서 테일러는,

> "말씀의 수육은 곧 의미하는 것(시니피앙)과 의미된 것(시니피에) 사이의 이분법적 구별을 마감하고 말이 철저히 기호화되는 것을 의미한다. 이제는 더 이상 글이 가리키는 그 밖의 지시대상, 데리다가 말하는 초월적 기의가 존재하지 않는다. 그러므로 글은, 궁극적으로는 신을 쓰는 글은 이제 신에 '대한' 글이 아니다. 글의 '대상'인 신이 사라지고, 또 글의 '주체'인 인간의 자아가 사라졌으며, 동시에 글의 '플롯'도 사라졌으므로 이제 글은 바로 그 자체로 초월적 의미를 지닌다. 글쓰기는 바로 이러한 초월적 기의의 소멸을 의미한다."[100]

이러한 방식으로 수육된 말은 신의 죽음을 쓰는 것이라고 한다. 왜냐하면 이제 글은 명확한 일의적 의미로 파악될 수 없기 때문이다. 글을 일의적인 것으로 만들어 주었던 초월적 기의가 사라져 버렸기 때문이다. 글은 이제 그가 지시하여야만 되었던 지향점으로 부터 벗어나서 자신의 신적 권위를 누리고 있다. 그러므로 해석되어야 할 것

---

99) ER., 103-104.
100) ER., 105-106.

은 글이 아니다. 글은 해석을 허용하지 않는다.

테일러는 "말이 경전인 한 글쓰기는 상형문자(hieroglyphics)로 드러난다"[101]고 하는데, 이러한 상형문자로서의 글쓰기는 서구적인 동일율(배중율/모순율)을 지양한다. 왜냐하면 글쓰기는 안에 있는 모든 것을 밖으로 옮기며 밖에 있는 모든 것을 안으로 옮기기 때문이다. 배중율은 이러한 글쓰기의 세계를 붙잡을 수 없다. 왜냐하면, '제국주의적인 동일성의 논리(imperial logic of identity)'와 달리 글쓰기는 차이를 추구하기 때문이다.[102]

모든 존재는 단순히 자기 자신이 아니라, 자신과의 다름을 통해 존재한다. 이 '불가피한 이중성'인 동일성의 제국주의적 논리는 동일성과 차이의 이중성으로 드러나며 부재의 피할 수 없는 현전을 알림으로써 모든 현전 속에 있는 부재를 드러낸다. 이 일자(一者, one)의 소멸, 말에서 드러나며 글쓰기에서 수육된, 이 사라짐이 테일러에 따르면 신의 죽음이라고 한다.[103]

일자가 소멸되고 글쓰기에서 흔적으로 남는 것이다. 즉 신의 자취(迹)를 역사 안에 수육하게 만드는 것이다. 아무튼 이러한 근본적 일자의 소멸은 배중율이 무시됨을 의미한다. 그러므로 글쓰기는 부정성의 문제를 심각하게 고려하도록 요구하는 것이다.

그리고 글쓰기에서는 모든 중심이 사라진다. 모든 곳이 중심이고 따라서 순서와 시차가 사라진다. 따라서 글쓰기는 초월적으로 지시되는 것, 곧 신의 사라짐이며 신의 죽음은 글쓰기를 열며 개방한다. 왜

---

101) ER., 106.
102) ER., 109.
103) ER., 110.

냐하면 글쓰기는 닫힌 동일성의 의미에 갇혀 있지 않기 때문이다.[104)

이처럼 경전은 신의 죽음을 구현하고 실현시킨다. 초월적으로 지시된 것의 사라짐은 기호의 신학적 시대를 종결하며 무신학적 글의 자유로운 놀이를 가능케 한다. 초월적 아버지, 즉 지시되는 것의 죽음을 제정하면서 단어는 길을 가는, 반항적이고 그릇된 아들이 된다. 이런 방식으로 화육한 단어는 초월적 신의 죽음을 쓴다. 그러나 신의 죽음은 그 자신일 뿐만 아니라, 타자인 신적인 것의 탄생이다. 전통적인 신의 죽음은 이제 다양한 의미를 개시하는 글로 나타난다. 글에서 고착된 경계는 깨뜨려진다. '경전은 항상 변두리적'이다. 글은 '차이성의 복합적 엮임'이다. 글 안에서 각 단어는 교차단어(crossword)인 것이다.[105)

---

104) ER., 111.

105) ER., 111-112.

2. 역사의 종말과 책의 닫힘

1) 역사의 종말

근대성은 폭력이란 이름으로 인간에게 경험된다. 그러므로 포스트
모더니즘의 시작은 테일러가 말하듯 히로시마 원자폭탄이 투하된
1945년 8월 6일에 시작되었다.[106] 또한 이 폭탄 투하로 말미암아 이
성이 일궈온 역사 역시 파편화되었다.

사실 역사라는 개념은 신 개념을 갖는다. 나아가 기독교 중심인 서
구에서 역사란 단지 신 중심적일 뿐만 아니라 로고스 중심주의적이
다.[107] 로고스의 역사이해는 역사적 사건이 수수께끼적으로 나타나
나, 사건의 표면적 혼돈 아래에는 이성과 질서가 있다는 신념이 깔려
있다. 사건들은 우연적이거나 임의적인 것이 아니다. 따라서 신의 죽
음은 역사의 종말에서 구현된다.

> "기독교적 유형론과 먼 친척으로서 역사가는 로고스중심주의의 그
> 늘 안에 머물러 있다. 역사가와 신앙인은 모두 역사는 수미일관된
> 과정이며 그 과정의 합리성은 이해할 수 있다고 주장한다. 현상 밑
> 에, 또는 그 뒤에 논리가 현전하며 그 논리는 자신을 드러내거나
> 또는 신중한 탐색에 의해서 해독될 수 있다."[108]

---

106) ER., 61.
107) ER., 53.
108) ER., 68.

즉 의미 있는 형식을 형성하고 분별 있는 방향을 가진다. "신적 로고스는 처음과 중심과 종말을 연결하여 정합적인 전체(a coherent totality)를 이루는 실(thread)"[109]이며 "역사적 주체의 분명한 자기-긍정은 다른 주체나 객체를 부정함으로써 중재된다."[110] 그리고 이것은 서구가 아시아와 아프리카를 식민지화시키려고 했던 논리에 다름 아니다. 식민주의는 타자에게서 타자를 보는 대신 고향을 느끼고자 하는 폭력이 존재하기 때문이다.[111] 테일러의 말을 인용하여 보자.

> "역사적인 담화는 흩어져 있는 사건들을 봉합선이 없는 천으로 짜 넣음으로써 흩어짐이라는 섬뜩함을 지우려는 노력이다. 역사 속에 짜 넣어진 주체는 유목적인 고아보다는 신실한 아들이 되기를 갈 망한다. 끝없는 방황의 불확실성을 견딜 수 없기에 망명자는 모든 장소와 모든 시간에서 고향을 느끼는 데에서 비롯되는 안전성을 찾는다. 역사적인 담화는 낯선 이들을 친숙하게 하고 유랑자들을 정착시킴으로써 그러한 가족화라는 목적에 쓰이는 것이다."[112]

이러한 로고스적 역사이해는 의미의 전체로서 표상되는 것이다. 이 경우 역사적인 사건이란 일어난 전체적 의미 복합체 내에서 합리적인 자기 자리를 찾을 수 있을 경우에만 존재하게 된다. 길지만 인용하여 본다.

> "시초와 종말 사이에서 언제나 망명생활을 하면서 불행한 인간은 한때 존재했었다고 믿는 완성의 상태를 기억하면서 노스탤지어에 빠지고 또 그가 되고자 하는 만족을 기대하면서 기다리고 있다. 그

---

109) ER., 61.

110) ER., 69.

111) 김승철, 『DNA에서 만나는 신과 인간』(서울: 동연, 2002), p.211.

112) ER., 71.

러나 예기된 만족은 완전히 현전하지 않는다. 그것은 우리들이 잡으려고 하면 언제나 우리의 손아귀를 벗어난다. 이것은 존재하는 것과 존재해야 할 것 사이의 긴장을 야기시킨다. '현실'과 '이상' 사이의 끝없는 대립은 시간에 대해서 우울한 음조를 부여한다. 불행한 사람의 눈에는 갓 돋아난 봄의 빛깔도 갈색으로 비치는 법이다. 불만과 불만족에 괴로워하면서 불행한 인간은 자신을 구원할 현전을 절망적으로 갈망하게 된다. 그러한 우울함을 극복하고 완성으로 나아가기 위해서 역사적 주체는 자기 자신을 초월하는 것이 필요하다고 믿게 된다. 그러나 초월을 향한 이러한 투쟁은 언제나 전적인 타자인 신의 그림자에서 행해진다. 전적으로 자기-동일적이고, 전적으로 완전한 그리고 완전히 자기-현전적인 신적인 타자는 영원히 피안에 있고, 언제나 다른 곳에 있으며, 절대적으로 초월적이다. 이 초월적인 신은 역사의 지배자이다. 그의 영역에서 주체는 초월을 불안하게 찾도록 운명 지어져 있는 것이다."113)

그러나 역사는 자신이 추구하려는 현전에 대한 향수 때문에 역설적이게도 현전이 부재함을 드러낸다. 테일러는 여기서 자신의 불교적인 사유를 보여주고 있다.

"역사의 종언은 초월적인 신의 죽음과 지배하는 자아의 소멸을 전제로 할 뿐만 아니라 그것은 불행한 의식을 극복할 것을 요구한다. 역사가 '부정에 대한 긍정'을 말할 수 없는 불능과 거리낌에서 '시작된다면', 역사는 '여여함에 대한 긍정(Amen-So be it, 如如性)'을 기꺼이 말할 수 있는 능력과 더불어 '끝난다'. 역사의 종언을 여는 긍정은 불가피하게 부정을 지니고 있다. 이 긍정은 '부정에 대한 부정'에 대한 부정이다. 다른 말로 하면 역사를 종결짓는 긍정은 죽음에 대한 부정을 다시금 부정하는 것이다. 그러한 '긍정'은 극단적이다. 왜냐하면 그것은 모든 긍정에서 분리할 수 없는 부정을 긍정하기 때문이다."114)

---

113) ER., 72.
114) ER., 72-73.

이러한 역사관은 희랍적 역사 이해를 넘어선다. 희랍적 역사이해에 의하면 희랍 신화에 나오는 '아리아드네의 밧줄'처럼 역사란 하나의 시학(poetics)이다. 즉 역사란 자서전처럼 창조적 상상력의 작품으로 나타난다. 상상력은 재생산적일 뿐 아니라 생산적이다. 생산적 상상력은 종합적으로 작용해서 부분들은 하나의 새로운 전체로 형성한다. 따라서 역사가 이야기를 포함하는 만큼 역사는 문자적이 아니라 문학적이다. 그리고 동시에 로고스중심적이다.[115]

"가까운 예로 기독교 인쇄술은 역사를 로고스중심주의의 그림자 안에서 남겨둔다. 역사가와 믿는 자 모두 역사를 이성적으로 이해 될 수 있는 조리 있는 과정이라 말한다."[116]

즉 희랍 신화의 아리아드네의 밧줄은 시적인 줄기에 시작, 중간, 끝이 있고 연결석인 이야기의 술은 상상적인 언어 양태에 의존하는 것이다.[117] 따라서 테일러는 역사적 사실에 대한 접근이 불가능하다고 선언한다. 그러므로 로고스적 역사 이해를 비판한다.

역사, 이야기, 서사에서 상상력의 행위를 감안한다면 "로고스는 개시되기보다는 고안되었고, 발견되기보다는 창조되었다."[118] 따라서 역사의 종말은 초월적 신의 죽음과 주권적 자아의 소멸을 전제한다. 그래서 테일러는 역사의 무의미성을 주장한다. 그러므로 역사에 로고스적 서술이란 아무런 의미가 없는 것이다. 헤겔적이거나 어거스틴적

---

115) ER., 66.

116) ER., 68.

117) ER., 67. 테세우스가 아리아드네 공주의 도움을 받아 미궁에서 실타래를 따라 벗어나듯이 역사의 실타래는 미궁을 헤맬 다른 여지를 남겨두지 않는다.

118) ER., 68.

역사에 대한 거대한 서술은 무의미한 것으로 간주된다.

무/신학은 본래적 의미, 의미 그 자체와 같은 객관적인 의미를 부정한다. 의미란 사물에 있는 것이 아니라 사이에 있는 것이다. 의미는 상호 작용, 상호 연결, 교차, 교차로에 있는 것이다.[119]

의미는 상호관계적인 관점에서 반복적으로 나타나고 사라진다. 의미는 문자적으로 고정된 것이 아니라, 다의적이기 때문에 수수께끼 같은(enigmatic) 형태를 가지고 있다고 본다. 따라서 수수께끼 같은 형태가 살아있는 형태인 것이다.[120]

고정되어 있는 실체적인 진리를 부정하며, 만족할 만한 해결이 없고 쉴만한 처소도 없기에 여기서 진리란 '되어감'의 '되어가지 않음'인 것이다. 고정되어 있는 실체적인 진리를 부정하는 것은 상상계의 아버지의 이름을 벗어나며 자유로운 세계를 인정하는 것이다. 역사의 종말은 아버지의 이름이 지워진 후에 생기는 파편이다.

따라서 신의 죽음, 역사의 종말에 의하여 은총 받은 방황의 공간과 시간이 열리게 되는 것이다.[121] 여기서 놀라운 은총의 놀이가 시작되는 것이다. 신의 죽음은 신 중심의 놀이 속에서 실현되고, 자아의 소멸은 표시와 흔적 속에서 새겨진다. 방황이 시작하는 때는 종말을 고하고, 역사가 끝날 때 역사는 시작된다.

서구의 전통역사는 불행한 의식과 밀접히 관계되어 있다. 불행한 의식은 과거의 만족을 회상하거나 미래의 만족을 예기한다. 그러나 만족은 환상적인 것이다.

---

119) ER., 178.
120) ER., 177.
121) ER., 142.

역사는 이러한 불만족한 주관이 정립하는 끊임없는 투쟁 속에서 나왔다. 역사는 부정의 행위를 불가피하게 되는 것이다.[122] 이것이 바로 로고스적 역사이다. 부정을 시작하는 역사는 아무 것도 아닌 공간에 모든 것을 넣음으로 구성된다. 아무것도 아닌 것은 불행한 의식의 억압적인 이기성을 반영한다.

불행한 의식은 부정할 수 없는 당위의 초월을 인정하지 않을 수 없다. 그리고 역사는 시작, 중간, 종말이라는 삼자로 구성된다. 역사는 법적인 태고목적론적 과정(lawful acheoteleological process)으로 파악된다. 이러한 존재신학적 사고는 종말론을 설정하고 방황의 모든 형식을 부정하고 있다. 따라서 방황의 끝은 흔적의 지움이요 억압인 것이다.[123]

그러나 신의 죽음과 자아의 죽음이라는 해체적 사고방식은 이러한 전통적인 신학적 사고의 틀을 깨트린다. 해체적 사유가 전개하는 흔적의 무한한 놀이는 모든 것이 유래하는 절대적 시원을 부정한다.

2) 직물로서 역사와 텍스트

테일러에 의하면 무/신학은 인간사유의 자유를 선언한다. 고정되어 있는 실체적인 진리 없는 세계의 자유로운 여정은 흔적의 산종하는 모험에서 실현되기에 글의 즐거운 방랑은 책의 줄 속에 갇힐 수 없는 것이다. 그것은 방랑하는 텍스트들 속에서 새겨져야만 한다.[124]

따라서 텍스트는 직물(tissue)이다. 직물이란 실들이 엮어져 만들어

---

122) ER., 151.
123) ER., 155.
124) ER., 177.

지는 조직이다. 즉 텍스트는 직물 조직이나 천과 같다. 텍스트는 두 개의 상이한 날실과 씨실이 서로 엉키 설키 짜이는 구조를 갖는 직물과 같다.

텍스트 안에서 저자는 자기 생각이 아닌 실들을 가로 세로 직물을 짜듯이 엮는다. 그래서 텍스트는 이질성의 접목인 것이다. 여기서 그 직물을 짠 사람은 중요하지 않다. 저자는 글을 쓰지만, 동시에 그도 쓰여지는 것이다. 이 직물은 상호 의존적이면서 교호적이며 이질적이다.

테일러의 해체신학은 책의 관념을 제거하고 텍스트의 관념을 제시한다. 책의 관념은 서구의 전통 신학적 사고의 산물이다. 책의 관념은 지시자의 총체성의 관념이다.[125] 책을 해석하는 것은 진리나 기원을 드러내는 시도이다. 여기서 진리는 책의 의미를 보장하는 내재적 로고스이다. 책은 규정되거나 규정될 수 있는 의미를 소유하고 있다. 여기서 책은 완결된 제품으로 소비자들의 소비를 기다리고 있는 것이다.

테일러가 자주 인용하듯이 데리다는 이러한 전통적 책의 관념을 부정하고, 텍스트의 개방을 말한다. 책의 닫힘에 대조해서 텍스트는 극단적으로 열려 있는 것이다. 텍스트의 개방성은 저술의 환원될 수 없는 맥락성의 기능이다. 따라서 모든 텍스트는 콘텍스트인 것이다.[126]

즉 텍스트는 상호텍스트일 뿐이다. 책의 종말과 더불어 정경(canon)과 전통과 저술은 무한히 표류하게 된다. 텍스트의 의미는 결단코 완전히 현전하지 않는다. 모든 의미의 해석은 해석의 해석, 또는 이 해석의 해석에 지나지 않는다. 이 해석의 무한 연계성이 텍스트의 세계이며, 이 세계는 텍스트 안에 어떤 말, 어떤 개념, 어떤 진술도 중심적

---

125) ER., 177.
126) ER., 178.

의미가 될 수 없다고 말한다.

이 세계라는 텍스트는 놀이에 지나지 않는다. 의미는 항상 형성되고 해체되고 재형성되는 과정이다. 맥락성은 모든 텍스트의 공동의존적 기원을 세운다. 그럼으로써 해석과 텍스트의 상호관계를 드러낸다. 텍스트 없는 해석은 없고 해석 없는 텍스트는 없는 것이다. 즉 숙주(host)는 기생충(parasite)이고, 기생충은 숙주이다. 숙주와 기생충의 이러한 영원한 생성과 소멸은 단어의 무한한 놀이이다.[127]

텍스트의 작가가 동시에 독자가 되고, 독자가 작가가 되는 주고받는 세계에서는 텍스트는 끝없는 놀이이다. 모든 텍스트는 상호텍스트이다. 때문에 모든 글은 다시 씀이요, 모든 새김은 다시 새김이다. 여기서 작가는 재단사에 비교가 된다.

작가는 펜과 바늘로써 꿰매고, 교차적으로 꿰매어 간다. 재단사인 작가는 그가 자르고 기운 자료를 엮지 않는다. 그는 다른 사람에 의하여 짜인 옷감을 꿰맨다. 그는 다른 텍스트를 흡수하고 변형함으로써 만들어낸다. 그의 저술은 항상 읽음이다. 그러므로 텍스트는 인용의 직물짜기이다.

따라서 고유한 이름은 텍스트의 복수성에 붙여질 필요가 없다. 불확실한 인용 표시를 가진 텍스트만이 있다. 꿰매는 행위 속에서 재단사는 거미가 자기가 만든 은신처 속에 들어가듯이 없어진다. 이 해소가 작가의 사라짐이다. 텍스트는 끝없는 주관이 지속적으로 사라지는 공간을 창조한다. 작가는 결코 독창적이 아니다. 그는 단지 수많은 글들을 혼합할 뿐이다. 그가 표현한다는 것은 이미 만들어진 사전이다.[128]

---

127) ER., 180.
128) ER., 181.

이 사전의 단어도 다른 단어를 통하여서만 설명될 수 있다. 그러므로 작가는 단어놀이를 하고 있다. 저술이란 노는 주관을 비소유화하는 단어의 무한한 놀이이다. 텍스트의 엉킨 선들 안에서 작가의 구조는 익명성(anonymity)으로 나타난다. 익명적 글 속에서 작가는 그의 고유한 이름이 '텅 빈 흔적-지워진 표시(empty trace-erased mark)'는 사실을 발견한다.[129] 즉 작가의 죽음은 독자의 시간 공간을 창조하는 것이다.

텍스트의 직물은 항상 비결정적이고 불완전하다. 텍스트는 공백, 구멍, 간격과 느슨한 끝을 가지고 있다. 글의 거룩성은 독자에게 초청장을 보낸다. 텍스트 배후에 능동적 작가나 수동적 독자가 있지 않다. 주관적 관객이 없다. 작가와 독자가 없다. 작가가 독자가 되고, 독자가 작가가 된다. 텍스트의 직물은 저작을 읽은 것이고 읽는 것은 저술하는 것이란 사실을 보여 준다. 단어 놀이는 결코 그치지 않기 때문에 방황도 결코 끝나지 않는다.[130]

생산적 독자는 텍스트를 무한히 확장한다. 저작의 무한한 방황은 신적 중심(Divine Milieu)의 영원한 놀이이다. 위험을 건 디오니소스적 단어 놀이 속에서 '예'와 '아니오'는 가장 큰 기쁨을 가장 큰 고난 속으로 가져가는 것이다. 끝없는 방황은 저작의 십자가에 영원히 새겨진 열광적 은총을 개방하는 것이다.[131]

---

130) ER., 182.

131) ER., 182. 서구에서 자기 비판적으로 등장한 이러한 해체의 사상들, 예컨대 탈중심화, 노마돌로지(遊牧論)까지 포함해서 데리다/테일러의 해체주의 등은 사막의 종교인 유대-기독교 전통의 철저화라고 해도 무리가 없는 것이다. 따라서 한 가지 비판을 하자면 이렇다. "해체주의의 대표자 자크 데리다에게 유대정신이 맥맥이 흐르고 있음은 주지의 사실이다. 그래서 '방황은 사막을 내면에 안은 사람만이 아는 유목성의 철학적 형태에 다름 아니다.' 사막에서 태어나서 농경지를 동경하면서 농경지에 대한 정복·정착을 반복했던 유대-기독교 전통이 다시 사막에 대한 '향수'를 가지는 것은 또 다른 '출애굽'과 '가나안' 정복의 기도일지도 모를 일이다. 사막은 어디까지나 배타적인 '비', '반', '타'의 영역이기 때문이다."(김승철, 「無主와 방황—즉비의 논리와 해체의 신학」, p.203.)

3) 책의 닫힘으로 '신-자아-역사-' 책이 종말을 고하다

현대의 포스트모더니스트들의 문학작품은 '책의 불가능성에 대한 책'인데, 테일러는 책의 관념을 데리다로부터 빌려온다. "책의 관념은 유한하거나 무한하거나 총체성의 관념, 지시자의 관념이다."[132] 책이란 단지 두 표제들(cover) 사이의 짓눌린 잎들의 집합이 아니다. 책은 모든 부분이 하나의 유기체의 지체로서, 통합되어 연관되는 살아 있는 전체이다. 책은 질서 있는 전체성을 형성한다. 그만큼 책은 역사와 같이 로고스중심적이다.[133]

책은 그 자체 속에 닫혀 있는 지시자의 유기적 총체성이다. 책은 그것의 완전한 표현을 '백과전서'에서 성취하고 있다. 서구의 신학은 이러한 책의 관념에 의하여 체계화되었다. 기독교 신자들에게는 책의 중심이 성육신한 로고스이다. 이 전지전능한 로고스는 조직신학자들이 책을 구조화시키는 기초이다. 의미의 고유성은 책의 닫힘의 기능이다. 닫힘은 로고스의 현전에 의하여 영향을 받는다.

이러한 책 가운데 성공적인 책을 걸작이라 말하는데, 테일러는 "걸작은 종결된 전체 또는 완전한 전체가 아니다. 그것은 필연적으로 오류를 갖고 있으며 불가피하게 열린 채로 종결(open-ended)된다"[134]고 말한다. 그러므로 책의 성공은 책의 실패이다. 여기서 테일러는 데리다를 따라서 책의 관념에 대한 철학적 해독의 기술 원리로서 텍스트 개념을 제시한다. 텍스트는 책과 전혀 다른 지대에 속한다. 텍스트에

---

132) ER., 77.
133) ER., 77.
134) ER., 90.

는 고정되어 있는 현실적 중심이 없다. 사실,

> "책은 개인적 역사와 사회적 역사를 재표현한다. 묘사적으로 (신의
> 일을 재현하는 것으로서) 이해되든 시적으로 (저자의 작업을 재현
> 하는 것으로서) 이해되든, 책은 의미의 조밀한 그물망 속에 갇혀있
> 다. 책 속에서 분석된 의미 체계는 경험을 이해 가능하도록 의도된
> 폐쇄(closure)를 전제한다. 이렇게 될 때, 책은 그 백과사전적 형태에
> 서 가장 충분히 실현된다."[135]

이러한 책이 닫힌 후, 텍스트 안에서는 어떤 고정된 중심이 없다.
그러므로 중심의 부재는 주체의 부재, 저자의 부재이다. 책을 텍스트
로 볼 때 모든 중심은 사라진다. 여백이나 간격이 중요시된다. 따라서
전통적인 철학적 해석이 팽개쳐 놓은 각주나 또는 행간 같은 여백에
책의 공식적인 검은 글씨의 장엄한 의미를 해체한다. 즉 해체주의 신
학은 완결된 정체성을 요구하는 책의 종결을 선언하고 무한한 산종
과 해석을 가능케 하는 텍스트로의 개방을 선언하는 것이다. 이 선언
은 '신－자아－역사－책'의 종말을 고하는 것이다.

---

135) ER., 14.

3. 자아의 탄생과 소멸

테일러는 '신의 죽음'을 '인간의 죽음'으로 연결시킨다. 왜냐하면 신의 복제된 이미지가 인간에 내재되어 있기 때문이다. 종교적으로 말하자면 인간은 주권적인 신의 형상으로 창조되었기 때문이다.[136] 인간 자아상의 근저에 초월적이고 절대적 자아인 신의 형상이라는 신학적 형상이 잔재로 깔려 있기 때문에 인간적 자아의 근거인 신적인 절대적 자아의 죽음은 모든 자율적 자아의 죽음과 모든 인간성의 죽음을 구현하는 것이다.

사실 인간의 자기(self)[137]는 기독교 신학에 있어서 신과 인간이 서로가 서로를 비추는 거울이다. 창세기 1장 26절과 27절에 의하면 신은 자기의 형상대로 인간을 창조하였다. 따라서 인간이 신의 형상대로 창조되었다는 말 속에는 인간과 신이 서로 불가분의 관계를 지니고 있다는 신학적 사실을 함축하고 있는 것이다. 따라서 인간이 자기를 해체(소멸)하는 것은 신 죽음과 같은 맥락에서 이해된다. 이러한 자아는 이름짓기로 탄생된다.

---

136) ER., 33.

137) 테일러도 그러하지만, self(자기)는 이 책에서 자아와 같은 의미로 쓰고 있다.

1) 이름짓기로 자아는 탄생한다

테일러는 인간이 하나님의 형상으로 창조되었다는 전통적 신학의 관념을 해체하기 위해 인간과 신을 분석한다. 사실 인간의 자아는 이름을 소유하고 동시에 이름에 의해 소유된다. 즉 사람은 '자리-이름'(位) 체계 속에서 보다 높은 자리를 잡으려고 하고, 그렇게 해서 상당히 높은 자리를 잡았을 때, 그것을 출세(出世)라고 부르며 자신의 位가 세상에 드러나 位가 격상되기를 바란다고 할 수 있을 것이다. 그리고 자신이 사회에 의해서 어떤 '자리-이름'을 부여받았을 때 그 '자리-이름'을 자신의 정체성과 동일시한다. 그래서 그 '자리-이름'이 A라면 "나는 A다"는 명제로써 스스로를 규정한다.[138]

이러한 사회적 구조로서 위(位)를 성립하게끔 만든 형이상학의 역사의 시작은 바로 이름짓기(호명, nomination)에서부터이다. 신이 인간을 부름으로 인간의 자아는 하나님의 형상에 대한 모방이 시작되었고, 그 신의 형상은 주체성을 인간에게 부여한다. 따라서 신과 인간의 관계에 대한 사색은 신의 이름과 인간의 이름 사이의 분리할 수 없는 관계로까지 나아간다. 즉 자아의 소멸은 천직으로 지명된 '소명의 축복과 저주'라는 양 측면을 가진다.

> "자아는 이름을 소유하고 동시에 이름으로 인해 존재한다. 왜냐하면 자아는 처음 이름 불리워짐(호명, nomination)을 통해 존재하기

---

138) 이정우, 『접힘과 펼쳐짐』(서울: 거름, 2000), p.369. 그러나 사람들은 그러한 '자리-이름'의 체계가 어떻게 생겨났는지, 그 체계가 과연 정당한지, 내가 왜 그 체계에 따라 살아야 하는지, 요컨대 그 '자리-이름'이 정말 자신과 본질적인 관계가 있는지를 심각하게 반성하지는 않는다. 흔히 말하듯이 사회 구조에 의해 길들여지는 것이기 때문에… 이러한 위를 무위, 대위로 연결 윤리적 관점으로 풀어 쓴 글은 다음을 참조하라. 최병학, 「對位倫理의 모색(Point · Nonpoint · Counterpoint)」, 『倫理敎育硏究』 제2輯(진주: 경상대학교, 2002), pp.271-296.

때문이다. 이러한 호명은 축복과 저주를 동시에 지닌다."[139]

사실 인간의 자아가 잘 표현된 것은 자서전이다. 기독교 신학에 있어서 자서전으로서의 신학을 이야기했던 이는 어거스틴이다. 그의 『고백록』은 고전 시대 철학의 형식에 획기적인 변혁을 불러왔는데 인간이 자신의 내면을 탐구하면서 신을 만나고자 한 글쓰기라고 말할 수 있다. 그리고 이러한 글쓰기는 인간 의식의 메커니즘의 분해서 인 헤겔의 『정신현상학』에 이르러서 완성을 보게 된다. 테일러는 "고백록은 신에게 드리는 고백이다. 어거스틴은 자기 자신을 무소부재한 신에게 현전시킴으로써 자기를 자기 자신에게 현전시킨다. 지배적인 창조자로서의 신은 모든 현전의 근거이고 근원이다. 어거스틴으로부터 헤겔에 이르기까지 신은 절대적으로 자기-현전적인 자기- 지식을 가능케 해주는 요소에 대한 이름이었다",[140] 즉 인간이 자기는 신의 이름을 부름으로써만 자기 자신의 이름을 부를 수 있는 것이다.

> "글쓰기는 사실 현전과 현전적인 것의 섬뜩함을 드러냄으로써……
> 나의 동일성을 정착시키는 대신 나의 화자로서의 연속성을 빼앗는
> 다……글쓰기는 나를 빼앗고 나는 나 자신으로부터 멀게 하며 나에
> 대한 나 자신의 근접성을 방해한다. 모든 자서전에서는 따라서 부
> 적합함이(나에게서 나를 빼앗기 때문에) 드러난다. 글쓰기는 나를
> 황폐케 하며 나에게 적합한 모든 것을 종식시키기 때문이다."[141]

테일러도 인용했듯 들뢰즈의 생각을 가로지르기 해보자. 들뢰즈와 가타리는 국가 장치들이 홈을 파는 기능에 의해 욕망의 자유로운 흐

---

139) ER., 34.
140) ER., 46.
141) ER., 46.

름을 포획한다고 말한다. 가령 인간에게 이름이 주어지고 그 이름으로 불리듯, 빗물 역시 지붕의 홈을 따라 흐르고, 사회의 여러 흐름들은 곳곳에 파여 있는 홈을 따라 흐르는 것이다. 그곳에는 흐름의 방향과 속도를 규제하는 각종의 규칙들이 존재한다. 따라서 장애인은 이러한 자본주의의 홈의 최대 피해자이다.[142] 동시에 상징계에서의 존재의 이름짓기(지음 당하기)는 윤리적 인간이 최대 딜레마가 되는 것이다.

윤리적 인간이 이러한 호명에서 딜레마를 느끼듯 장애인들은 사회의 모든 홈들이 긴밀하게 연관되어 있음을 느낀다. 가령 교육으로부터의 배제는 취업으로부터 배제되는 이유가 되고, 취업으로부터의 배제는 경제적 무능력의 이유가 된다. 행복으로부터의 배제, 삶으로부터의 배제가 이처럼 잔인하게 이루어진 예는 없을 것이다. 최소한의 편안함을 누려야 할 집에서조차 장애인들은 감옥을 체험한다.

'20~30년을 집구석에서 개처럼 밥만 먹고 살아보았는가?'라고 묻는 장애인들에게 제공되는 편익을 예산 낭비처럼 생각하는 사회는 비장애인들에게 제공되는 편익은 국가의 존재 목적처럼 생각한다. 이 사회는 '모든 절망을 개인 탓으로 돌리고 시혜와 동정을 구걸하도록 만드는 사회'이며 '자기 구성원을 죄수 아니면 거지로 만드는 사

---

142) 차도를 따라 흐르는 자동차는 인도로 뛰어들어서도, 정해진 속도와 신호를 위반해서도 안 된다. 학생들은 집, 학교, 학원을 잇는 길 위에서 자신이 홈 속의 존재임을 알게 될 것이다. 역시 선거 결과를 보여주는 무수한 그래픽들은 지역을 가르고 있던 거대한 홈을 가시적인 형태로 보여준다. 면접시험에서 여성 혹은 지방대 출신이 느끼는 장벽은 아마도 어떤 홈통의 벽일 것이다. 정도의 차이는 있지만 우리는 누구나 그런 홈들에 고통받는다. 하지만 존재 자체로 그런 홈들을 증명하고 고통받는 보편적 현상이 있는데 그것은 바로 장애인들이다. 일반인들은 '어떤 곳'이 홈 파여 있음을 느끼지만, 장애인들은 '모든 곳'에 홈이 파여 있음을 느낀다. 그들은 불과 5센티미터도 안 되는 문턱 앞에서 좌절하는 사람들이다. 일반인들은 '어떤 곳'에서 장애인이 되지만 그들은 '모든 곳'에서 장애인이 된다. 그들은 사회 곳곳에 설치된 장애물에 걸려 넘어진 사람들이다. 버스 정거장, 지하 계단, 대학 입시 장소, 공장의 작업대, 심지어 그 주인권리를 행사하는 투표장에서까지 사회는 장애인들을 생산한다(고병권, "문턱에 좌절하는 사람들", ≪한겨레신문≫ 2004년 4월 19일).

회'[143]인 것이다.

이러한 장애인들의 존재방식이야말로 우리 사회의 성격에 대한 가장 섬세하고 날카로운 증명이라고 외치는 고병권의 생각은 이름짓기의 양면성을 잘 보여주고 있다. 인간이 신의 이름을 부를 때 자신의 존재가 '이름짓기'를 통해 드러난 것처럼, 역설적이게도 우리들 인간은 서로를 '이름짓기', '구역정하기'를 통해 욕망의 흐름을 통제하며 인간 존재를 위계화시킨다. 소멸될 존재의 위계가 존재하는 것이다. 이러한 위계는 현재의 신비와 재현을 감추며 이름을 하나의 위(位)로만 만들어 버린다. 따라서 자아의 시작은 욕망의 자유로운 흐름을 포획하듯이 상징계로 접어들며 소멸의 카운트다운을 시작하는 것이다.

2) 자아의 지배의 심리학, 그 정복의 경제학

소멸의 카운트다운이 끝나기 전에 그토록이나 자아는 지배와 정복을 갈구한다. 사실 근대의 신 죽음의 저변에는 이러한 자아가 탄생되기 마련이지만 신성과 인간성의 자리바꿈을 통해서 인간성을 주체로 내세우는 근대정신은 지배의 심리학[144]과 정복의 경제학(economy of domination)으로 나타난다. 그리고 이것은 다시금 유용성(utility)과 소비(consumption)가 그 덕목으로 나타나게 된다.[145]

이러한 지배의 심리학이나 정복의 경제학은 오늘날 정치적 식민주의나 전체주의로 변환된다. 왜냐하면 식민주의는 타자에게서 자기를 보는

---

143) Ibid.
144) ER;, 19f.
145) ER., 25f.

일차적인 부정의 논리, 즉 타자를 부정해서 자기 안으로 흡수하는 논리에서 가능하기 때문이다. 따라서 테일러의 다음의 말은 중요하다.

> "정복이란 차이를 소멸시켜서 동등하지 않은 것을 동일화하는 것이다. ······ 정복, 유용성, 소비, 적합성, 소유재산, 식민주의, 전체주의는 솔기(이음매, seamy)가 있으면서도 솔기 없는 그물을 형성한다."[146]

다시 말하면 근대정신인 휴머니즘적 무신론은 신성과 인간성의 자리바꿈을 통해서 인간성을 주체로 내세우는데, 이것은 자기 자신의 확실성으로써 진리를 추구하기 때문에 지배의 심리학이며 정복의 경제학인 것이다. 이것은 정치적으로 식민주의를 양산하고 전체주의적인 시각으로 타자를 지배하는 것이다. 이런 관점에서 서구의 역사는 차이를 동일성으로 환원해 온 역사이다.[147]

그러나 이러한 억압적인 주인은 자기를 분열시킨다. 따라서 주체의 분열은 자기의 소멸로 나타나고, 신 죽음은 결국 인간의 자기 소멸로 귀결된다. 이처럼 해체의 신학은 자기 폐쇄적인 자기 동일성을 지닌 것으로 간주되던 신의 죽음에서부터 출발한다. 그리고 신의 죽음은 신의 반영으로서의 인간의 죽음으로 구체화된다고 본다. 따라서 테일러는 "아버지 신의 죽음은 가부장제의 독재를 끝내지 못한다. 신성과 인간성에 대한 휴머니즘적 전도는 세속화된 전능한 아버지의 출현을 야기한다"[148]고 말하며 주체의 자기만족을 "정착되지 않은 타자성이나 성가신 이방인에 의해서 방해받지 않고서 지배하는 주체

---

146) ER., 28.
147) AT., x x x ⅲ.
148) ER., 28.

는 자기 자신에 대해서 만족을 느낌으로써 이 세상에서 고향처럼 느낀다"149)고 말한다.

이러한 지배의 심리학과 정복의 경제학은 나르시스의 서로 다른 얼굴로 표현된다. 왜냐하면 나르시스의 본질은 자기를 소유하려는 욕망이고 이것은 타자 속에서 자기를 봄으로써 타자를 소유하려는 욕망과 상통하기 때문이다. 이러한 나르시스는 라캉의 상상계와도 같이 차이를 부정하고 혐오한다. 따라서 지배의 심리학과 정복의 경제학을 기초로 한 휴머니즘적 무신론의 공격성은 근본적으로 나르시스적이며, 또한 역으로 나르시스주의는 무신론적이다. 상상계가 도덕 해체인 이유이다. 그래서 테일러는 다음과 같이 이야기한다.

> "초월적인 자기 원인을 부정함으로써 나르시스적 주체는 자기 원인이 되기를 희망한다. 자기-소유의 목표는 자기가 자기 자신의 아버지가 됨으로써만 가능하다. 그러나 아들이 아버지가 되면 아버지는 죽지 않으면 안 된다. 아들이 공격 행위를 통해서 아버지의 자리를 찬탈해서 아버지와 동일시하듯이 휴머니즘적 무신론자들은 신을 죽임으로써 신의 자리를 찬탈하고서 신과 자신을 동일시한다. 물론 자기-신성화는 나르시시즘의 극단적인 표현이다. 이 자기애는 궁극적으로 허무주의적이다."150)

따라서 신의 죽음은 철저한 의미에서 인간 자신의 죽음으로 귀결된다. "외부가 언제나 내부이기에 어떤 의미에서는 자기는 영원히 자기 자신 밖이다."151) 따라서 주체의 자기 자신 안에서 발견하는 자기 자신에 대한 간격과 허공은 타자를 소유함으로써 메워지는 간격이

---

149) ER., 29.
150) ER., 30.
151) ER., 31.

아니다. 그것은 타자에 의해서이건 자기 자신에 의해서이건 자아와 타자에 대한 이분법이 존재하는 한 사라질 수 없는 영원한 간격이다. 그러므로 이 간격은 주체를 분열시킨다.

> "억압적인 주인과 매력 있는 악마는 주체를 분열시킨다. … 내적인 타자에 의해서 부과된 분열과 팽창은 자기 소유를 불가능하게 만들고 전적인 만족이 불가능함을 드러내준다. 분열된 주체는 자신이 결합하고 분리시키는 극단 사이에서 방황할 수밖에 없다. 주체의 분열은 사기의 소멸로 귀결된다. 결국 나르시스는 그의 거울에서 자신을 잃어버리고 마는 것이다."152)

따라서 신의 죽음은 결국 신을 살해한 인간의 자기 소멸로 드러날 수밖에 없다. 계속해서 테일러의 말을 들어보자.

> "자기 소유에 대한 추구는 타자에 대한 합병의 형태를 취할 뿐만 아니라 동일성으로부터 차이를 제거하려는 자아의 노력 속에서 표현된다. 그의 통전성을 확보하기 위해서 지배하는 주체는 타자에 의한 침입과 폭력, 그리고 오염을 막아야 한다고 확신한다. 공격적인 행위는 자기가 타자를 부정함으로써 자기 자신을 주장하는 방어적인 전략이다. 그러나 이 행동(또는 반작용)은 자기 모순적이다. 타자를 부정함으로써 자기는 스스로를 부정하기 때문이다."153)

그러므로 근대 휴머니즘적 무신론은 스스로가 의도하는 바를 철저하게 수행하지 못한 '부분적인 허무주의(partial nihilism)'일 뿐이라고 테일러는 비판한다.

---

152) ER., 31-32.
153) ER., 32.

"휴머니즘적 무신론자들은 그가 반작용하는 전통적인 가치들을 전복시켰다. '신에 대한 사랑'을 '인간에 대한 사랑'으로 바꾸려는 노력에서 휴머니스트들은 '피안적인 진리'를 '차안적인 진리'로 변환하기를 희망하였다. 하늘과 땅의 전복은 결과적으로 신적인 것으로부터 인간적인 것으로 가치를 옮겨 놓았다. 중심을 잃어버린 데에서 발생하는 방향상실을 겪는 것과는 반대로 근대의 휴머니스트들은 자기의 지배성에 집착하였다. 가치에 대한 휴머니스트들의 비판은 진리의 기능과 가치의 가치를 묻는 극단적인 점에까지 미치지못하였다. 이러한 결과 근대 휴머니즘적 무신론의 허무주의는 불완전하며 따라서 부적절하다."[154]

그리고 신 죽음에 대해서 결론적으로 테일러는 다음과 같이 말한다.

"하늘이 어두워졌을 때, 신이 사라져버렸을 때, 이제 인간은 더 이상 자율적으로 홀로 서 있지 못한다. 오히려 인간은 세상 밖에서 스스로 서기를 그만두어야 하며, 자율적이고 개별적이기를 그만 두어야 한다. … 초월적인 신의 죽음은 자율적인 자아의 죽음을 구체적으로 표현하며, 절대 주권자이며 초월적인 신의 형상으로 창조된 모든 인간성의 끝을 이야기하는 것이다."[155]

따라서 테일러는 자신의 논의를 역사의 종말, 책의 닫힘, 나아가 자아의 소멸로 이끌기 위해 허무주의를 아래와 같이 평가하고 있다.

"허무주의는 약함의 징표이거나 강함의 표지이다. 손실을 받아들이지 못하고 죽음을 두려워하는 근대 휴머니즘적 무신론의 허무주의는 약함의 징표이다. 자기를 십자가에 못 박는 것을 괴로워하는 글 쓰는 이에게 있어서 허무주의는 십자가의 표지이다. 골고다에서는 신만이 죽는 것이 아니라 자기 역시 사라져버린다."[156]

---

154) ER., 33.
155) ER., 33.
156) ER., 33.

즉 휴머니즘적 무신론이 초월적 신의 본성을 인간으로 환원시킴으로 말미암아 철저하지 못한 것을 테일러는 급진적으로 작업하여 신, 인간, 역사, 책 등을 해체한다. 그리고 여기서 이러한 개념의 연쇄망이 서구신학 내에서 로고스중심주의라는 이름으로 지배적인 위치에 군림해 왔던 것이다.

나아가 이러한 개념의 연쇄망을 테일러는 하나하나 해체한 후 개념의 연쇄망이 전복된 후, 신학이 지니게 될 모습을 이야기한다. 즉 테일러는 전통신학의 네 가지 관념인 신, 자아, 역사, 책이라는 형이상학적인 로고스적 체계를 신의 글, 표시들, 놀라운 은총, 그릇된 저작을 통하여 무/신학적 재구성을 시도한다. 그리고 이러한 사상의 전반에는 헤겔, 키에르케고르, 니체와 데리다가 있다. 테일러는 헤겔, 키에르케고르, 니체와 데리다를 신학의 해체를 넘어서 해체적 무/신학의 선구자로 본다. 이들은 동일성의 철학자가 아니라, 동일성의 철학을 전복시키고 차이의 '불가환원성(irreducibility)'을 주장한 이들이라는 것이다.[157]

테일러의 해체 신학은 신의 죽음과 극단적 기독론에서 그 철저성을 더해간다. 테일러는 신 죽음의 해석학을 철저히 수행한 후 다시 시작하고자 한다. 그러나 순수하게 다시 시작할 수는 없다. 왜냐하면 과거에 이미 시작했던 것을 무효화하고 다시 시작할 수 없기 때문이다. 그래서 그는 '시작(begin)'을 다음과 같이 이야기한다.

---

157) 헤겔과 키에르케고르는 JO를, 헤겔은 AT., 3-33, DC., 67-120, 키에르케고르는 AT., 305-353, DC., 169-190, 니체는 DC., 191-219, 데리다는 DC., 396-420, AT., 255-303을 참조.)

"시작이란, 결코 기원을 가지지 않는, 기원의 영속적인 소멸이다.
이러한 '시작'과 '기원' 사이의 상호놀이는 글쓰기에서 명백해진다.
글 쓰는 이에게 있어서 모든 것은 도서관 '안' —책과 글과 참고서
가 있는— 에서 시작된다. 여기서 무가 시작된다."158)

원초적이고 시원적인 로고스적 진리는 처음부터 존재하지 않는다.
근원은 없다. 없는 근원이므로 존재하는 것은 차이이다. 시작은 '표
류'이다. "항상 지워진 기원과 결코 보이지 않는 결론과 더불어 글 쓰
는 이는 배회하고, 방랑하며, 영원한 '중심'이라고 하는 변두리의 주
변으로 표류한다."159) 그리고 테일러에게 있어서 표류(drifting)는 신학
의 해체로부터 해체적 무/신학의 문턱으로 이끄는 것이다.

3) 자아의 소멸과 흔적

이름을 부름으로 일차적으로 재현되는 것은 자기 자신이지만, 그
자기는 궁극적으로는 '신 앞(coram Deo)'에서 자기이기 때문에 최종적
으로 남는 것은 신의 자기, 즉 궁극적인 재현의 대상인 신의 현전만
이 나타나게 된다. 따라서 반성적인 주체인 자기는 공허를 발견할 수
밖에 없다. 테일러는 "그러므로 반성적 주체는 섬뜩한 공허를 발견한
다. 그리고 그 공허를 통해서 주체는 사라져 버린다",160) 즉 자기 반
성의 정점에 이르게 되면 자기는 자기성이 완전히 상실된 흔적일 뿐
이라는 역설에 다다르게 되는 것이다.

---

158) ER., 97-98.

159) ER., 98.

160) ER., 47.

자기성을 향한 여행은 위험한 여행이었음이 드러난다. 그것은 바로 십자가의 길이다. '자기 자신에 대한 재현에서 주체는 감금되고 개방된다.' 주체의 감금은 흔적에 의해서 등록된다. 흔적은 '일반적인 첫 번째 외면성의 개방이고 사랑 있는 자의 타자에 대한 불가사의한 관계이고, 내면의 외면에 대한 관계이다. 그것은 공간내기이다.' 언제나 '현전하는' 부재, 언제나 내면적인 외면은 죽음 자체이다. 살아있는 현전자는 언제나 죽음에 의해 낙인이 찍혀 있다. 그리고 이 죽음, 이 영원한 죽음은 현전을 영원히 위태롭게 하는 섬뜩한 것이다. 흔적의 공간 안에서 자기의 소멸의 위치를 표기하는 십자가가 새겨져 있다.[161]

따라서 이름짓기를 통해 시작된 자아는 신의 죽음과 역사의 종말, 책의 닫힘을 통해 실재계에서 자기의 죽음, 자아의 소멸로 진행하며 흔적을 남긴다. 그리고 그때에만이 총체적인 해체의 작업이 완성되고 윤리는 흔적의 메타포로 새롭게 와 닿는 것이다.

전통신학에서는 시작과 종말이 있으나 무/신학에서는 시작과 종말이 없다. 무/신학은 흔적의 환원불가능성을 주장한다. 그래서 무/신학은 완고하게 비목적론적이고 비종말론적이다. 신적인 길의 무한한 놀이 안에서 기다림은 최종적으로 지는 게임이다. 사실로 기다림 자체는 저주이다.

흔적은 결단코 치료되지 않는다. 흔적은 비종결이 선언됨으로써만, 열려짐으로써만 성취된다. 극단한 무/신학의 비목적론과 비종말론은 개방성을 열리게 하고, 모든 표시가 치료되지 않는 것으로 본다. 그럼으로써 전통적 존재신학의 모든 종말 게임을 끝낸다.

시작과 종말의 사라짐과 더불어 되어감은 모든 계기 속에서 정당한 것으로 나타난다. 순수한 기원은 결코 없었고 완전한 종말도 결코

---

161) ER., 51.

없을 것이다. 확고한 중심은 결코 없다. 기원, 중심, 종결의 사라짐은 흔적의 유포적 모험(the semina adventure of the trace)을 가리킨다.[162)]

이 모험은 항상 이미 시작했다. 방랑자는 그의 동일성을 알지 못한다. 왜냐하면 그는 동일성이 없기 때문이다. 방랑자는 중심의 상실과는 다르게 비중심을 천명한다. 이렇게 천명된 비중심이란 바깥으로 도는 그릇됨의 의미를 함축한다. 이 탈선은 일시적인 이탈이 아니라 끊임없는 이탈이다. 방황의 끊임없음은 그것의 불가피한 무목적성을 드러내는 것이다.

되어감은 과거나 미래의 지시에 의하여 정당화될 필요가 없고 매 계기 속에서 정당화된다. 그렇다면 방랑자는 법을 깨뜨렸다. 그러나 이러한 탈선은 죄과와 죄를 양육하지 않는다. 이런 경우 무법성은 은총과 불가분리적이다. 이 은총은 신과 자아가 죽고 역사가 지나갔을 때만 도래하기 때문이다.[163)]

방황의 무법적 땅은 선과 악의 피안이다. 그리고 이것은 디오니소스의 한정적 세계이다. 디오니소스는 모든 방랑자를 축제로 초대한다. 우주는 끊임없이 생성과 소멸을 반복하는 시바의 춤이다. 우주라는 텍스트는 흔적이 춤추는 무대이다.

무/신학은 주의함이 없이 자유롭게 방황의 놀이를 한다. 저작의 신은 놀이의 창안자이다. 놀이는 신의 죽음, 자아의 소멸과 역사의 종말을 연출하는 무한한 게임이다. 화육한 단어는 글이 된다. 저작은 차연의 놀이가 된다. 차연의 놀이는 차이와 연기의 보충대리 속에서 자신의 유일한 의미의 고정화와 절대화를 거부하는 춤이다.

---

162) ER., 156.
163) ER., 157.

힘들이 교차되는 영원한 재현은 흔적으로 일어난다. 그릇된 표시는 방랑자, 법외자로 남는다. 놀이는 목적이 없으며, 무의미하며, 비이성적인 것으로 특징지어진다. 놀이가 어떤 의미와 목적을 추구할 때 이 놀이는 끝나는 것이다.[164)

그러나 놀이는 무목적적이고 전적으로 천박하게 나타난다. 놀이는 투쟁과 조화, 필연과 조화, 생명과 죽음, 분절과 어조, 자연과 문화의 반복과 교차이다. 이 반복과 교차가 놀이이다. 놀이는 바로 텍스트인 이 세상의 놀이다. 이 놀이에 주객의 구분이 없다. 주인이 손님이 되고 손님이 주인이 된다. 주인과 식객의 끝없는 탄생과 소멸이 세상의 끝없는 놀이인 것이다.

이 세상 배후에 신이 있지 않다. 신의 죽음은 자유로운 놀이의 그릇된 천박을 풀어낸다. 놀이는 초월적 신의 부재를 축하하는 것이다. 이 부재는 놀이의 무제한성을 함축한다. 그리고 전통적 존재신학을 파괴한다.

그러므로 이 놀이는 무/신학의 변두리를 확장한다. 놀이는 현전과 부재의 역설적인 놀이이다. 카니발은 거리, 관계, 유비와 배제할 수 없는 대립을 내포하고 있다. 그러므로 본질적으로 반논리적이다.

놀이의 역동성 이해는 글의 무한한 새김을 조명한다. 자유로운 놀이의 유통은 영구히 지속되는 흐름이다. 단어의 산종은 흔적의 놀이 속에서 활동적이 되는 것이다.[165)

카니발의 참가자는 행위자와 관객이다. 카니발 안에서 주관은 무로 환원된다.[166) 성스러운 것은 속화되고 속된 것은 성스러워진다.

---

164) ER., 158.
165) ER., 160.

어리석은 자는 지혜로운 자이다. 모든 것은 전체에서 구속되고 긍정된다. 어리석은 놀이자는 그가 더 이상 부정하지 않는 신앙 속에서 자유로운 영이 된다.

무/신학은 이러한 신앙을 디오니소스의 이름에 대한 신앙이라고 한다.[167] 술 취한 해방은 생산적이며 파괴적이다. 디오니소스 안에서 창조와 파괴, 삶과 죽음은 영원히 결합된다. 신의 죽음 속에서 진정한 파라다이스는 우리가 상실한 파라다이스만이 아니다. 유일하게 얻은 파라다이스는 파라다이스 자체의 최후적 상실이다. 그리고 이 상실이 은총인 것이다.[168]

여기서 테일러는 역설적인 파라다이스를 말한다. 파라다이스의 최종적 상실로서 유일하게 얻은 파라다이스란 극단적 허무주의를 말한다. 해체신학은 술 취한 해방으로 들어가고 무 속에서 자유로운 영이 되는 허무주의에 빠지는 것이다.

"궁극적 대답을 지니지 않는 사유자, 언제나 새로운 우주 속에서"[169]라고 『방황』의 마지막에서 테일러가 말한 것이 바로 이러한 맥락하에 있다. 즉 '신−자아−역사−책'의 연쇄망을 해체하고 '글쓰기−흔적−방황−텍스트'로서 해체주의가 추구하는 것은 깊이와 높이에 대한 향수가 아니라 표면 위에서의 끝없는 유희인 것이다.[170] 물론 이것은 새로운 '신의 길'로 방황한다.

---

166) ER., 160.
167) ER., 167.
168) ER., 168.
169) ER., 184.
170) 김승철, 「非・反・他의 해체로서의 지구화와 동양사상」, 『기독교사상』 3월호(서울: 대한기독교서회, 1994), 54-65 참조.

4) 소멸에서 방황으로, 새로운 '신의 길'

테일러는 '경계를 추적하고 변두리를 재추적하려는 글쓰기'를 방황이라고 부른다. 그것은 '이리저리 돌아다니기', '헤매기'이다. 그것은 어디에도 정착하지 못하는 유목민의 사유이고, 존재 양태이다. 따라서 그것은 결코 명사화되고 실체화되어서 고정될 수 없는 영원한 술어일 뿐이다. 방황은 일체의 수직적인 초월을 거부하는 연기요, 시간적인 초월을 뒤집는 무시무종(無始無終)의 무/존재론에서나 가능하다. 다음은 테일러의 묵시적인 말이다.

> "이러한 의미에서 무/신학은 '유목적 사유'라고 규정할 수 있다. 방황하는 유목민은 절대적인 시초를 뒤돌아보거나 궁극적인 종말을 향해 앞을 쳐다보지 않는다. 그의 작업은 완결된 책이 아니라, 열려진(아마도 중단된) 텍스트이다. 텍스트는 실제로 시작하는 일도 끝나는 일도 없다. 무/신학의 말들은 중간에 떨어지고 만다. 그들은 언제나 중간에 있다. 무/신학적 텍스트는 끝없는 실짜기에 의해서 짜인 천이다. 이러한 현기증 나는 언어의 유희는 십자가의 역설적인 비이원론적인 (무)논리를 가리킨다. … 말의 길은 물론 골고다로 가는 고난의 길이다. 절대적인 길에 이르는 문턱으로써 십자가는 승천과 음부행의 교차를 가리킨다. 그리고 이 교차는 '하늘과 지옥의 결혼'이다."[171]

무/신학은 동일성과 차이의 역설 구조를 가지고 있다. 대립의 구조 안에서 동일성은 자기와 동일한 차이로 나타난다. 왜냐하면 차이는 동일성이 아닌 한 자기 자신과 동일하기 때문이다. 역설적인 테일러의 말이다. "동일성은 차이다. 왜냐하면 동일성은 차이와 다르기 때문이

---

171) ER., 13.

다. 역으로 차이, 혹은 순수하고 절대적인 차이는 동일성이다."[172]

동일성과 차이의 공동 함축은 '글의 이중성(duplicity)'을 세운다. 동일성과 차이의 이중적 상호놀이는 모든 현존 속에서 부재를 드러낸다. 여기서 테일러는 알타이저의 글을 인용한다. "구현(embodiment)은 현전이다. 그러나 그것은 전체적 동일성의 실제적 부재인 현전이다. 이러한 단어 속에서 현현하고 글 속에서 화육하는 사라짐은 다름 아닌 신의 죽음이다."[173]

이러한 부정성의 과정은 '힘의 관념(the notion of force)'으로 접근할 때 더욱 잘 이해된다. 여기서 힘은 다양한 힘들의 상호 교환이다. 이 상호 놀이는 각자가 타자를 통하여 있기 때문이다. 텍스트에는 안과 밖의 차이가 있다. 그러나 그것은 대립의 관계가 아니고 보탬과 모자람의 상호보완하는 안의 밖이요, 밖의 안이다. 이들은 서로 얽혀 있고 서로 보충 대리한다.

텍스트의 직물 세계 안에서 하나의 텍스트는 데리다에 의하면 "다른 텍스트의 읽기 속에 전적으로 타 없어지면서도 어떤 방식으로든 자기 자신의 문제로 되돌아가는"[174] 운동과 힘을 가지고 있다. 그러므로 이런 힘이기에 텍스트는 구조이지만 구조 이상이다.

동시에 힘은 '해체적'이다. 글의 해체적인 힘은 있으며, 그리고 있지 아니한 모든 것의 보편적인 중심(universal medium)이다. 초월적인 힘 대신에 힘은 항상 갈라져 있으며 차이에 무관하지 않는 차이성의 놀이이다. 그러므로 로고스는 없고, 오직 신성한 글만이 있다. 이런

---

172) ER., 109.

173) ER., 110; T. Altizer, *The Self-Embodiment of God*(New York: Harper& Row, 1977), p.19.

174) Jacques Derrida, *Positions*, trans. by Alan Bass(Chicago: The University of Chicago, 1981), p.11.

상황에서 글은 일어나고 사라지는 것으로 읽혀질 수 있다. 여기서 글은 신적인 길, 즉 신의 길인 것이다.[175]

이러한 신의 글은 글의 무한한 단어 놀이 속에서 해소된다. 따라서 글 속의 단어 놀이 속에서만 신의 길에 관하여 말할 수 있다. 글은 모든 것의 비기원적 기원을 형성하는 차이성의 강력한 놀이이다. 글의 창조적/파괴적 부정성은 동일성으로 구성된, 차이성이 일어나는, 영원히 다시 일어나는 드라마이다. 글쓰기에 대한 테일러의 언급은 "글쓰기는 무시무종(無始無終)한 '영원한 순환(eternal recurrence)'이다. 이것은 그 자체가 시작하거나 끝나지 않는 반복의 역설적인 운동"[176]처럼 단순 명료하다.

무/신학은 무한과 유한, 영원과 시간 사이의 대립의 일치를 강조한다. 무/신학은 상식적인 이해를 도치시킨다. "유한의 존재는 그 자신의 존재만이 아니라 무한의 존재이다."[177]

여기에는 역설의 논리가 지배적이다. 유한은 단지 무한의 타자이며 무한에 대립될 뿐만 아니라 실제로 무한의 내면적 차원이다. 양자의 복합적 관계는 무한과 유한이 서로 배척하거나 대립되지 않고 서로 타자를 통하여 자기 자신이 된다. 무한과 유한은 각기 타자를 통하여 그 자체가 되는 끊임없는 놀이를 만든다. 영원한 순환은 항상 굽어 있고, 휘감기고, 순환적이고, 부정직하고, 돌아간다. 그릇된 놀이를 반복적으로 정립함으로써 영원한 순환은 무한한 그릇된 길을 새긴다.

---

175) ER., 112.
176) ER., 113.
177) ER., 113.

방황이 영원한 것으로 파악될 때 중심은 어디나 있다.[178] 여기서 중심이란 중심일 뿐 아니라 매체를 가리킨다. 중심이 도처에 있을 때, 중심은 센터이기보다는 중간(Millieu)이다.[179] 그러기에 신적인 길은 명료한 개념으로는 재현될 수 없다.

> "부정성은 차이에서 나오는 힘이고, 이 힘은 만물을 비실체화한다. 상호연관성은 해체적이다. 차이는 실체적 자기를 해체시키면서 동시에 자기는 전체를 구성한다. 따라서 차이는 해체적이면서 동시에 구성적이다. 이러한 글쓰기는 서구 신학의 이분법적 근거를 해체시킨다. 신의 부정은 글쓰기에서 수육된 말씀으로 나타난다."[180]

신의 길이란 고전적 논리의 용어들 내에서가 아니라 비약서(the graphics of the pharmakon) 안에서만 이해된다. 여기서 테일러는 파르마코스(pharmakos, 의사, 마법사)를 이야기한다. 파르마콘은 약이자 동시에 독이며, 축복이자 동시에 저주라고 할 수 있다. 파르마콘은 좋은 약도 아니나, 독약만도 아닌, 야누스처럼 두 얼굴을 가지고 있는 괴물이요, 애매모호한 이중성을 가지고 있다. 파르마콘은 관념적 동일성을 가지지 않으며 양자적(혹은 양가성 ambivalence)인데 이러한 것이 바로 신의 길이라고 테일러는 말한다.[181]

이처럼 신의 길이 양자적이고 애매모호하다면, 아니 중간 길이라

---

178) ER., 115.

179) ER., 116.

180) ER., 116.

181) ER., 118. 물론 이것은 플라톤을 읽으며 데리다가 부각시킨 말이다. 데리다는 플라톤의 「파이드로스」 대화편에서 파이드로스가 가져온 '기록된 텍스트'를 소크라테스가 '파르마콘(pharmakon)'에 비유한다는 것을 발견한다. 이것은 의학적 묘약인데, 치료제이기도 하고, 동시에 독이기도 한 그런 뜻을 가지고 있다. 즉 파르마콘은 약이자 독이며, 축복이자 동시에 저주인 것이다. 이러한 파르마콘은 문자와 같이 자기 고유성과 자기 정체성이 뚜렷하지 않다. 즉 그림자나 환영과 같다는 것이다. 테일러는 파르마콘이 관념적 동일성을 가지지 않고 양자적이기에 '신의 길'이라고 말하는 것이다.

면, 다시 말해 중심이 도처에 있다면, 테일러에게 있어서 무상과 통로
는 더 이상 짓눌릴 필요가 없는 것이다. 따라서 일어남과 지나감은
생산적이고 파괴적 힘이며 영원한 창조인 것이다.[182]

이러한 중심의 도처에 있음을 테일러는 불교의 무와 연기를, 그리
고 데리다의 산종[183]을 통해서 더욱 심화시키고 있다.

> "글쓰기는 모든 것들의 철저한 관련성을 이루는 차이의 끝없는 유
> 희이나. 이러한 복잡한 상호관계의 그물은 신적인 중간 길이다. 이
> 러한 비전체적인 전체성에서 무(nothing)는 스스로 그 자체가 된다.
> 왜냐하면 모든 것은 이러한 힘의 상호작용을 통하여 나타나고 사
> 라지기 때문이다."[184]

테일러는 글을 자기 비하과정(kenosis process)이라고 하며, 또한 글
은 절대적인 자기-동일성을 비우게 하고 자기-현전을 완성한다고 한
다. 여기서 테일러는 용수를 인용한다. 성서를 끊임없이 십자가에 못
박는 것처럼 무(nothing)는 홀로 있을 수 없으며 모든 것은 서로 의존
하여 발생한다. 연기(Codependent originality)는 절대적인 근원을 지우
는 비근원적 근원이다.[185]

---

182) ER., 118.

183) 데리다는 *La Dissemination* (Paris: Seuil, 1972), 특히 p.13, pp.31–33, p.50, p.245, p.294, pp.299–300
에서 산종이론을 발전시키고 있다. cf. Julia Kristeva, *Semeiotikẻ: Recherches pour une sẻmanalyse*
(Paris: Seuil, 1969)에 있는 의미(signifiance)의 개념에서, 줄리아 크리스테바의 산종 개념은 "주체의 해
체"라는 현상에 수반되고 있다. 즉 어떤 텍스트를 가로질러 발생하는 의미의 폭발이 독자의 자아의 와해,
또는 상실과 결합하는 것이다. Leitch, Vincent B, Deconstructive criticism: A Advanced Introduction, 권
택영 역, 『해체비평이란 무엇인가』(서울: 문예출판사, 1993), pp.139–141에서 텍스트의 산종을 다음과
같이 해석한다. "텍스트는 모두 이전 텍스트들로부터 침투당해 있다. … 이전 텍스트들이 현재의 텍스트
들의 기표들 속에 거주하기 때문에 어떠한 텍스트도 그 자체로 완전히 자기 현존적이거나, 독립적이거나,
자족적이지 않다. … 주의 깊은 해석을 통해 발견되거나 재구축될 수 있는 통일성이나 의미를 텍스트는
숨기거나 감추고 있지 않다. … 간텍스트성으로 텍스트성이 주는 교훈은 문학의 진리가 미망이라는 것-
언제나 무수한 차이들의 파괴적 놀이만이 있을 뿐이다. 무한한 의미가 텍스트의 표면을 가로질러 퍼져
나간다. 해체이론에서는 이러한 산종(散種)이 진리에 대신한다."

184) ER., 118.

글은 그것이 기초 지우는 차이성에 의하여 기초된다. 글은 항상 다른 단어 속에 있다. 단어는 구현된다. 단어는 현전과 부재, 동일성과 차이의 일치를 구현한다. 때문에 단어는 사라짐으로써만 나타난다. 그리고 차이성에 기초를 두는 비근원적 근원이 관계성을 이루는 것처럼, 글쓰기는 근원 자체의 개념을 안에서 그리고 밑에서 뒤집는다.[186]

따라서 화육한 단어는 초월적이지도, 자기 파생적이지도 않지만, 반대로 신적인 길은 근거 지우면서 근거 지워지는 근거(grounded ground)[187]이다. 글의 무한한 차이성의 놀이 속에서 근거와 근거됨은 극단적인 상호의존의 관계 속에서 분리되고 결합된다.

불교적인 의미로 좀 더 설명하자면, 연기란 서로가 서로에 대해 술어가 됨으로 자신의 존재를 형성하지만, 또한 이러한 사실 때문에 모든 존재자는 자신의 자성(自性)을 가지지 않는 공이라는 종교적 자각이 들어 있다. 그래서 글은 자기 비하의 과정이 되는 것이며, 그럼으로 테일러에게 있어서도 글은 신적인 글이 된다는 것이다.

> "글쓰기는 만물의 비근원적 근원을 형성하는 차이들의 힘 있는 유희이다. 글쓰기는 현전의 형이상학에서 표상된 전적타자나 순수한 초월의 흔적을 지운다. 따라서 신의 죽음은 '신에 대한 글쓰기(writing about God)'의 구조를 깬다."[188]

이러한 멈출 수 없는 상호작용을 풀어서 설명하면 로고스를 항상 뿌려진 로고스(Logos Spermatikos)로 이해하며 산종에 의해 끊임없이

---

185) ER., 118.
186) ER., 118.
187) ER., 119. 이를 니시다는 장소로, 야기는 장으로 설명한다.
188) ER., 119.

전해진다고 볼 수 있다. 산종은 씨앗을 흩뿌리는 것인데 이 단어적 유례를 통해 말씀의 산종을 테일러는 '흩뿌리다(spreading)', '어수선하게 뿌리다(scattering)', '산만(diffusion)' 또는 'publication(간행)'으로 이해한다.[189]

그리고 말씀의 산종은 지금은 아니라고 말하며 테일러는 성서의 씨뿌리는 농부의 비유(막 4:3-8)를 든다. 말씀은 씨이다. 씨를 뿌리고 나면 그 씨를 뿌린 농부는 즉시 사라진다. 즉 씨뿌리는 사람은 부재하는 것이다. 그럼으로 로고스는 해체되어 산종되며, 신적인 것은 산종 속에서 무한한 다(多)의 진리를 표방하는 것이다. 그래서 텍스트는 희생(text as victim)이다.[190]

이 희생을 테일러는 다음과 같이 말한다. "신적인 것의 화육은 신의 죽음인 반면 단어의 산종은 개별적 자아를 십자가에 못 박음이다."[191] 다시 말하면 동일성을 언표하는 로고스는 단어의 산종 속에서 차이성을 갖게 된다는 것이다. 그리고 이것은 동일성의 부정을 말하며 동시에 로고스는 차이성의 산종 속에서 사라진다. 놀라운 흔적의 부활인 것이다.

189) ER., 119.
190) ER., 120.
191) ER., 120.

4. 테일러의 흔적으로 흔적의 사상사와 문화사를 가로지르다

　신의 죽음은 흔적을 남긴다. 그리고 그 흔적은 부활의 시작이 된다. 여기서는 테일러의 흔적에 관하여 구체적으로 살펴보도록 하자. 이것은 서구 사상사와 건축사, 그리고 현대 문명의 이미지를 가로지르기 하는 것이다.

　서구 사상사에 있어서 흔적에 관한 사유는 플로티노스와 레비나스 그리고 데리다가 테일러에 앞서 사유하였다. IV장에서 구체적으로 살펴보겠지만 먼저 플로티노스의 흔적에 관한 사유를 정리하자.

> "존재들에 선행하는 원리로서 일자는 그 자체로 머문다. … 그러나 비록 일자가 머문다고 해도 일자는 그 원리와는 다른 것이 아니다. 일자는 자신의 형상에 맞게 존재자들을 유출시킨다. … 일자의 흔적은 본질을 발생시키며, 존재는 단지 그 일자의 흔적일 뿐이다."[192)

　즉 플로티노스에 있어서 흔적은 일자와 만유 사이를 유출이라는 방편을 통해 매개 짓는 매개물이다. 하강할 때는 창조의 과정이지만, 상승할 때는 존재론적, 더 나아가 윤리학적 근거가 된다.

　그러나 레비나스는 위에 인용한 플로티노스의 '일자의 흔적'이라는 말에 영감을 받아 '흔적(痕迹, trace)'이라는 말을 변용시킨다. 즉

---

192) Plotinus, *The Enneads*, trans. Stephen Mackenna(Oxford: Great Britan at the University Press, 1969), V.5.

플라톤과 데카르트, 헤겔, 훗설로 이어지는 현전의 형이상학적 사유가 전체성의 특성을 가지며, 구체적인 서양의 역사에 있어서 전체주의와 폭력을 초래하였다고 생각하고, 이를 극복하기 위해서 서양의 형이상학이 오랫동안 집착해왔던 '존재'를 '흔적'이라고 명명하며, 이러한 존재의 흔적됨을 자각한다면 무한의 지평이 열리고 폭력이 제거된다고 말한다. 이러한 연장선상에서 레비나스는 흔적의 형이상학을 구상하고 책임의 윤리를 내세운다.[193]

윤리학적 측면으로 좀 더 부언하자면, 감성에 기반을 둔 주체성이 초월과의 관계성에서 하나의 흔적을 직시하게 되는데, 레비나스는 이 것을 '고통'으로 묘사하고 있다. 그리고 이러한 고통의 흔적을 통해 주체는 나임에도 불구하고 타자를 위한 존재가 되는 것이다.

> "나의 모든 내향성(inwardness)은 나임에도 불구하고 타자를 위한 형식 속에 맡겨진다. 나임에도 불구하고, 타자를 위한 형식이라는 것은 탁월한 의미이다. 그리고 이 형식은 어떠한 주격으로부터도 유래되지 않는 대격으로 '자신(oneself)'에 대한 의미이다. 즉 이 형식은 자신을 상실하면서 자신을 발견하는 사태이다."[194]

레비나스는 시적으로 흔적을 이해하는데, 흔적 속에서 타자의 얼굴은 전통 형이상학적 의미에서의 현전도 아니고 부재도 아니다. 본질도 아니며 그 본질이 자신을 드러내고 있다는 의미에서의 현상도 아니다. 흔적은 내가 잡으려고 하면 할수록, 혹은 대상으로 인식하거나 소유할수록, 끝없이 빠져나가는 것이다.[195]

---

193) 한정선, 「흔적과 차연의 형이상학—레비나스 그리고 데리다」, 『神學과 世界』, 감신대학교출판부, 1994, p.370 참조.

194) Emmanuel Levinas, *Otherwise than Being or Beyond Essence*, trans. by Alphonso Lingis, (Dordrecht: Kluwer Academic press, 1974), p.11.

『존재와 다르게 혹은 본질을 넘어서(*Otherwise than Being or Beyond Essence*)』에 나타나는 레비나스의 생각은 따라서 주체의 주체성을 타자와의 이러한 흔적을 통한 관계성으로 드러내는 것이다. 그리고

> "드러난 것의 이러한 방식에서 이례적인 것은 내가 타자의 얼굴을 향하도록 명령받는다는 것이다. 하나의 섭리 혹은 율법이라 할 수 있는 이러한 명령 속에서, 무한자의 비현존은 단순히 하나의 부정 신학의 특징이 아니다. 존재를 넘어서는 것을 진술하는 모든 부정적 속성들은 책임, 즉 주제화할 수 없는 자극, 그러므로 신의 명령·소명이 아니라 상처(trauma)에 응답하는 것이다. 하지만 이러한 응답은 마치 현재와 무관한 비가시적인 것이 바로 그 현재와 무관한 사태를 통해 흔적을 남겼던 것처럼 대답한다. 그 흔적은 마치 이웃의 얼굴처럼 그의 앞에서 혹은 그를 향해 어떠한 온정주의도 없이 애매모호하게(ambiguously) 내가 응답하는 그를 비춘다. 왜냐하면 그러한 것은 보여진 것과는 다른 것 혹은 얼굴, 판단, 재현된 것의 바깥이기 때문이다."[196]

즉 레비나스는 흔적의 사유를 타자와의 관계에서 주체의 주체성 정립을 끌어내는 메타포로 이야기하고 있는 것이다. 이러한 주체성은

> "파열점이자 또한 의무 지우는 장소이다. 즉 흔적이 발하는 빛은 보이는 것과는 다른 뜻을 가지는 수수께끼 같은 것이며 애매모호한 것이다. 그래서 그것은 그 흔적의 빛과 현상이 드러내는 것을 구별하는 여전히 또 다른 의미로 존재한다. 흔적이 발하는 빛은 마치 그것을 내재성과 본질 속으로 가차 없이 끌어들이는 증명의 출발점처럼 제시될 수 없다. 흔적은 말하는 것의 애매모호함 속에 있는 얼굴에서 나타나고 또 사라진다. 흔적은 이러한 방식으로 초월적인 것의 양상을 조절한다."[197]

195) 한정선. Op. cit., p.372 참조.

196) Emmanuel Levinas, *Otherwise than Being or Beyond Essence*, pp.11-12

197) Ibid., p.12.

타자의 얼굴에 드러난 애매모호한 흔적, 그것이 바로 초월적인 것의 양상을 조절하는 것이다.

> "따라서 무한자는 마치 사냥꾼의 게임처럼 추적되어질 수 없다. 무한자에 의해 남겨진 흔적은 현존의 잔여가 아니다. 즉 그 흔적이 발하는 빛은 애매모호하다. 달리 말해서 그 흔적이 가진 긍정성은 부정성이 행하는 것만큼이나 무한자의 무한성을 유지하지 않는다. 무한자는 자신의 흔적을 지워버린다. 하지만 그것은 복종하는 이를 속이기 위해서가 아니라, 무한자는 자신이 나를 명령하는 현재까지도 초월하기 때문이며, 나는 이러한 명령 속에서도 무한자를 추론할 수 없기 때문이다. 나를 명령하는 무한자는 정직하게 행동하게 하는 하나의 원인도 아니고 자유에 의해 이미 지배된 하나의 주체도 아니다. 얼굴에 있어서 이러한 우회와 흔적의 수수께끼 아래 있는 이러한 우회로부터의 이러한 우회를 우리는 '그이다움(l'illéité, Illeity)'[198]이라 불러왔다."[199]

'그이다움'은 타자에 대한 나의 책임을 묻는다. 동시에 '저들'은 '나를 향해 다가오며 동시에 나로 하여금 이웃을 향하게 하는 출발점인 그러한 사태'이다. 따라서 레비나스는 타자에 대한 책임으로 주체성이 생긴다고 말한다. 즉 타자의 고통의 흔적을 통하여 주체의 주체됨이 책임성으로 고양되는 것이다.[200]

---

198) 레비나스는 '나-그대'의 관계 대신 '나-그이'의 관계, 제삼자성으로서의 '그이다움(l'illéité)'이 모든 윤리학의 핵심이 되어야 한다고 주장한다. 나와 다른 '그이다움'을 존중하는 철학만이 이탈성의 철학, 초과적 사유와 지상권(至上權)을 이해할 수 있고, 존재론적 사고의 제한적 울타리를 파괴시킬 수 있다는 것이다. [김형효, 『데리다의 해체철학』(서울: 민음사, 2001), p.377.] 즉 '나와의 관계 속으로 들어가지 않으면서 나와 관여하는 방식을 가리킨다.' 이것은 마르틴 부버(Martin Buber)가 '나'와 '너'를 대칭적인 것으로 파악한 것을 넘어 나와 너는 비대칭이며 자기와 타자는 본질적으로 비대칭적인 공간에 자리 매겨져 있음을 드러낸다. 이를 테일러는 타자본위(Altarity)로 조합하는데 어떻게 보면 이러한 개념들은 플로티노스의 유출된 일자가 다시금 상승을 통하여 일자로 합일하는 것과 맥락을 같이 한다. 그리고 레비나스에게선 '그이다움'이, 테일러에게 있어서는 타자본위가 바로 이 역할을 수행한다.

199) Ibid., p.12.

200) 이렇듯 레비나스는 플로티노스의 흔적 개념을 차용하지만(사실 레비나스는 일자에서 유출되어 나오는 존재자들과 일자에 대한 플로티노스의 형이상학을 받아들이지 않는다. 다만 흔적으로만 현상되는 것이 그럼에도 불구하고 세계 속에 들어와서 세계의 질서를 교란시키며 우리에게 의미를 던져준다는 것을 말

가토 히사다케(加藤尙武)는 이러한 레비나스의 사상을 '자기 존재 안에 있는 타자'를 차분히 들여다보고 사색한 철학이라고 말한다. 즉 타자가 없으면 참으로 나는 잘 살 수가 없으며 타자야말로 나를 진정한 존재가 되게 하는 존재라고 소개하는 것이다.[201]

그렇다면 레비나스에게 있어서 타자는 사르트르의 경우처럼 자기가 엿보고 있을 때 자신을 덮쳐오는 눈초리(시선)이거나, 하이데거의 경우처럼 타자는 그것을 염려하기 때문에 자기를 잃어버리는 그러한 존재를 넘어서 타인을 윤리로 받아들일 수 있는 근거가 되는 것이다.[202]

아무튼 독일군에 의해 가족이 강제수용소에서 죽임을 당했던 비참함을 경험한 레비나스는 현전의 형이상학과 서구 존재론(혹은 존재신학, onto-théologique)을 해체하고 있다. 더 나아가 테일러에 의하면 이렇게 해체된 후의 역사를 다시 쓴다면, 그 역사에 있어서 주인공이었던 이제까지의 신과 자아, 역사와 절대권위로서의 책은 새로운 역사에 있어서 조연으로 전락하고, 그 전락된 후 흔적으로 남아 있던 신의 죽음과 자아의 소멸, 목적 없는 역사와 열린 책으로서의 텍스트가 제 모습을 찾게 된다는 것이다.

사실 흔적이란 비(非)현재적인 것이 현재적인 것 안에 스미어 들어가 있고(滲透), 의식의 내면성이라는 것이 이미 바깥세계의 것과 직물짜기를 하고 있는 것이라면 글쓰기는 씀으로써 직물짜기한다. 혹은 여백(공간)에 쓰여짐으로 관계를 맺고 동시에 자신의 정체성을 상실하며 또한 형성한다. 직물짜기하는 것이다.

하고자 함이다.

201) 加藤尙武, 『20世紀の思想』(東京: PHP硏究所, 1997), 표재명·황종환 역, 『20인의 현대 철학자』(서울: 서광사, 2003), p.100.

202) Ibid., pp.100-103 참조.

스스로 말하는 것(글 쓰는 것)을 들을 수 없으며, 쓰여진 순간, 그 시각 자신을 들을 수 없다. 따라서 "말하는 주체는 지금 그 시각에서 자신을 듣는"[203] 후설의 현상학적 명증성은 데리다에 의해 '스스로 말하는 것을 듣는 것(le s'entendre-parler)'[204]으로 자기애적인 한계를 갖는다고 비판받는다. 그렇다면 글쓰기로 드러나는 생생한 현재는 무엇인가? 그것은 바로 흔적을 통한 가능성이다. 데리다의 말을 들어보자.

> "생생한 현재는 자기와 자기 자신과의 차이에서부터, 잡아당겨지는 흔적의 가능성에서부터 솟는다. 흔적은 자기 내면적인 삶이나 생명만이 있는 현재의 단순성으로서는 생각될 수도 없다. 생생한 현재의 자기란 근원적으로 하나의 흔적이다."[205]

그리고 이러한 흔적은 존재자보다 앞선다. "존재자보다 앞서 흔적을 생각해야 한다. 그러나 흔적의 운동은 필연적으로 은밀하게 감추어져 있기에… 그 흔적의 운동은 자기의 숨김 속에서 나타난다."[206] 자기의 숨김은 다시 말하면 '자기 비움'이다. 모든 흔적은 타자를 암시하는 암호요, 은유이다. 흔적을 남긴다는 것은 쓰는 것이며 흔적을 남김은 저자의 부재인 것이다.

따라서 사막의 흔적은 저자의 부재를 가리키며 문자의 세계, 흔적의 세계에서 저자는 없는 것이다.[207] 흔적은 단순히 말하면 사막에 자국을 남기는 것이다. 자국을 남긴 이는 흔적을 통해 드러나기에 부

---

203) Jacques Derrida, *La Voix et le phénomène*(Paris: P.U.F., 1967), p.87. 이하 VP.로 약호. 데리다의 불어본 번역은 김형효, 『데리다의 해체철학』을 참조.

204) VP., 88.

205) VP., 95.

206) VP., 69.

207) 김형효, 『데리다의 해체철학』, p.163.

재하는 것이다. 그리고 이러한 자국 남기기는 글쓰기에서 자연스럽다. 니체의 글쓰기를 다루었던 글에서 데리다는 다음과 같이 말한다.

> "진리 그 자체로부터 스스로 멀어지고, 인용부호 안에서 일어나는 진리의 이탈(음모·고함·절도·기중기의 지렛대들), 니체의 글쓰기에서 '진리'를 인용부호에 넣도록 구속하는 모든 것, 그러므로 진리의 자국을 남기는 모든 것, 이것을 여성다운 것이라고 말하지 말고 여성적인 '작동'이라 하자."208)

글쓰기를 '여성적인 작동'이라 말하며 이러한 작동을 실행하는데,

> "그것은 쓴(쓰인)다. 문체가 여성적인 작동으로 귀결된다. 만일 문체가 남성이면(프로이트에 따르면, 남근이 '물신의 정상적인 원형'인 것처럼), 글쓰기는 여성일 것이다."209)

문체의 대립선상에 존재하는 글쓰기는 진리의 자국이며 그것은 어쩌면 흔적의 본명이다. 그리고 이것은 데리다에게 있어서 흔적이 여성적인 징표로 기능하는 글쓰기의 상징이 되는 것이다.

이러한 흔적의 개념에 관해 데리다는 차연을 통하여 설명하기도 하고, 존재하는 모든 것을 흔적의 흔적일 뿐이라 말한다. 물론 이것은 불교의 연기사상에서 그리 멀지 않으나, 문자학에서 시작된 이러한 문자210)의 존재론적 전이는 테일러에 있어서 흔적의 공간을 창출한다.

---

208) Jacques Derrida, *EPERONS, LES STYLES DE NIETZCHE*, (Paris: flammarion, 1978), 김다은·황순희 역, 『에쁘롱, 니체의 문체들』(서울: 동문선, 1998), p.48.

209) Ibid., 48.

210) 김형효는 데리다에게 있어서 문자는 차이와 흔적이 만든 모든 유형적 무형적 관계의 주고받는 텍스트의 직물짜기에 해당된다고 말한다(김형효, Op. cit., p.74.). 그렇다면 이 문자는 존재론으로까지 격상되며 여기서 존재론의 윤리학적 전환이 가능한 것이다. 물론 데리다에게서는 분명히 드러나지 않지만 테일러에게서는 명백히 나타난다.

아무튼 이러한 흔적의 논리는 현전의 논리를 대신한다. 희랍철학과 기독교가 짝을 지은 세계관이 존재신학적 세계관인데, 이러한 존재신학의 잔재로서 현존이란 하나의 허구이다. 즉 자기 동일성은 신화요, 존재신학의 부산물로서 허구인 것이다. 그렇다면 이제 신의 죽음은 그 시체를 흔적의 사유에서 발견하여 자아의 소멸과 역사의 종말, 책의 닫힘으로 진행하게 된다. 그리고 흔적은 '만유 위에'를 '만유 안에'로 '만유를 통하여' 이루어 가는 것이다.[211]

1) 지나간 흔적은 비문을 남긴다

테일러에 의하면 흔적은 돌기둥에 비문(inscription)을 남긴다. 타당성(propriety), 재산(property), 소유(possession)에 기초한 주체의 모든 개념을 지운다. 그리고 주체가 흔적으로 해석되면 주체의 타당성 혹은 재산과 소유는 부정(impropriety) 혹은 몰수(expropery)와 강탈(dispossession)로 드러난다.[212] 지나간 흔적이 남기는 비문은 이렇듯 해체의 공간을 가로지르는 것이다.

이것은 데리다에 의하면 니체의 글쓰기에서 '진리'를 인용부호에 넣도록 구속하는 모든 것, 그러므로 진리의 자국을 남기는 모든 것, 이것을 여성다운 것이라고 말하지 말고 여성적인 '작동'이라고 말할

---

211) 성서 에베소서 4장 6절 "하나님도 한 분이십니다. 그 분은 만유의 아버지이시며, **만유 위에 계시고, 만유를 통하여 일하시고, 만유 안에 계십니다.**"에서 착안한 것이다. 물론 이것은 기독교에 있어서 삼위일체를 해석하는 근거가 된다. '셋이면서 동시에 하나됨' 속에 머무르는 '삼위일체적인 실체'―이는 도대체 모든 존재하는 것에게 동시에 작용인(作用因)으로서, 형상인(形相因)으로서 그리고 목적인(目的因)으로서 한결 같이 존재하며, 바로 그런 의미에서 '존재근거' 혹은 '존재원천'으로 소개된다―의 원천적인 사상적 진수를 파악하게 한다. [플로티노스의 이러한 삼위일체론과 다원론을 소개한 논문으로는 조규홍, 「플로티노스와 후기 모더니즘: 삼위일체론(三位一體論)과 다원론(多元論)」, 『시간과 영원 사이의 인간존재』(서울: 성바오로, 2002), pp.465-507 참조.]

212) ER., 138.

때 그 진리의 자국, 그것을 뜻함이다. 따라서 흔적은 자신의 비문을 주체의 소멸로 드러내기 때문에 차이의 기억을 생각하지 않고는 생각될 수 없다. 그러므로 글쓰기에 있어서 그릇된 표시, 혹은 비문은 단지 그 자체인 자아의 죽음으로 연결되어진다. 고유한 이름의 부재는 주체성의 불가피한 비고유성을 표시한다. 주체는 흔적과 관련하여 이해되면 불가피하게 탈중심적으로 나타난다. 왜냐하면 비중심적으로 관계된 연결장치가 주관을 탈중심화하기 때문이다.[213] 이러한 탈중심화된 흔적은 출애굽기에 잘 나와 있다.

> "나의 영광이 지나갈 때에, 내가 너를 바위틈에 집어넣고, 내가 다 지나갈 때까지 너를 나의 손바닥으로 가리워 주겠다. 그 뒤에 내가 나의 손바닥을 거두리니, 네가 나의 등을 보게 될 것이다. 그러나 나의 얼굴은 볼 수 없을 것이다."[214]

레비나스는 이 구절의 지나가 버린 과거로서 신은 부재한다고 말하며, 다만 예언자들의 모호한 예언을 통해서 알려지고 있다고 말한다. 따라서 신의 흔적이 내포하고 있는 모호성은 우리를 고통스럽게 한다. 그리고 부재하는 신이 어떻게 철학의 과제가 될 수 있는가라는 고통스러운 과제 앞에 만약 이러한 신의 흔적조차 잡으려고 하지 않는다면 이 흔적마저도 잃어버리는 것이 아닐까를 묻고 있다.[215] 그 지나간 흔적으로서 흔적의 비문은 주체의 소유를 강탈과 재산의 몰수, 타당성의 부정이기 때문이다.

---

213) ER., 139.
214) 출애굽기 33장 22-23절.
215) 한정선, 「흔적과 차연의 형이상학」, Op. cit., p.373.

2) 익명성은 흔적의 흔적이어라

지나간 흔적으로서 흔적은 익명성으로만 드러난다. 모호성의 흔적으로 끊임없이 가로지르는 것이다. 따라서 테일러의 무/신학은 인간주의적 무신론을 특징짓는 허무주의의 불완전한 형식의 불충족성을 말한다. 극단적인 허무주의는 가능한 긍정으로 나아간다. 그것은 허무주의에 대한 반박이요. 허무주의를 극복하는 의지와 동일한 것이다. 따라서 자기를 잃는 것은 익명이 되는 것이다.

동시에 흔적을 남기는 것은 어떤 익명성을 새기는 것이다. 익명성이 흔적의 흔적이기에 신이 우리들에게 익명으로 자신의 지나감을 표시하였을 때, 우리는 그 익명성을 통해 우리들 자신의 존립과 자기 실존을 버릴 수 있는 것이다. "자아의 소멸은 익명성이 되는 것이며 익명적이 되는 것은 자아를 소멸하는 것이다."[216] 그리고 이것이 저작(著作)으로 확장되면 글쓰기는 자기 비움이다. 저작에서 해체주의자들은 모든 자기 존립과 자기 실존을 비워버린다. 저작은 자기를 비우는 것이기 때문이다. 테일러도 언급하듯 자기 비움(kenosis)은 독립적인 한 개인을 십자가에 못 박는 것으로 자기-비움(self-emptying)이다.[217]

이러한 자아의 죽음은 단지 파괴를 수반하지 않고, 그릇된 표시의 새김을 가리킨다. 저작 속의 단어 놀이로 표류하는데, 여기서 단어 놀이는 모든 자율성의 자아를 비운다. 곧 단어 놀이 속에서 흔적은 의사소통의 연결장치 안에 있는 교차작용으로 확장되어 닫혀있지 않고 한정되지 않는다. 단어놀이의 표피적인 유희를 따라 산종되면서 생성

---

216) ER., 141.
217) ER., 142.

되는 것이다. 흔적의 흔적으로 익명성이 지속되는 것이다.

3) 단어놀이로서 흔적

레비나스는 'àdieu(작별)'이라는 단어에 '-'를 첨가하여 'à-dieu(신을 향해)'라는 말로 사용한다. 이중적인 의미로 사용하는 것이다. 이 책이 또 다른 하나의 기표 묶음으로써 새로운 개념을 창조해내지 못한다면, 어떤 의미가 있을까? 일찍이 들뢰즈는 끊임없이 세계와 자신을 설명하기 위해 개념을 창안하는 것이 철학이라고 말한 바 있다. 따라서 그 것은 진리의 문제로 귀결되지 않는다. 진리에 도달하는 것으로 종결되는 사유 과정은 이미 종언을 고했으며, 이 시대의 독특한 철학은 그때 그때의 문제를 해결하기 위해 새로운 개념을 지속적으로 창안해내야 한다는 것이다. 즉 현대 상황의 진부함과 상투성을 벗어나기 위해 전적으로 새로운 개념을 찾아하지 않으면 안 된다는 것이다.[218]

따라서 소크라테스(Socrates)처럼 문자와 진리를 엄격히 구분하고, 문자란 현장에서 소리로 생생하게 주고받는 영혼의 살아 있는 대화와는 달리 생명이 죽은, 영혼이 없는 것에 불과하다고 말한다면, 그래서 소크라테스가 생각한 '살아 있는 지식'으로서의 대화술에 도저히 비견될 수가 없다고 말한다면, 차라리 소크라테스에게 이렇게 묻고

---

218) 아! 얼마나 많은 이들이 순백의 영혼을 사랑했던가? 그래서 잡종을 싫어하는 순수주의자, 학제 간의 가로지르기를 언어의 유희나 표피적인 것이라고 가벼이 여기는 '깊이주의자'라는 허상에 잡혀 있었던가? 그러나 이들이야말로 '기피주의자', 즉 기피해야 할 대상이 아닐까? 이들은 개념의 창조보다는 술이부작(述而不作)의 태도로 인문학의 멸망을 앞당긴다. 그러나 이러한 기표의 유희를 통해 새로운 기의를 창조하고 그 실천으로 향할 수만 있다면, 그리고 윤리라는 조금은 어색한 이름이 그 안에 잠재해 있다면, 표피적인 것은 테일러의 말처럼, '의미의 부재'가 아니라, 억제할 수 없는 '황홀함의 만연(ecstatic proliferation)'인 것이다. 그리고 이 말은 종교학의 공리인 '두렵고 황홀한 신비(mysterium tremendum et fascinans)'를 깊이에서가 아니라, 넓고 광활한 표면에서 다시 확인하는 것과 같은 것이다(HI 참조).

싶다. "너 자신을 알라!"219)

의미의 이중성에 관심을 가졌던 데리다는 플라톤의 「파이드로스」 대화편에서 파이드로스가 가져온 '기록된 텍스트'를 소크라테스가 '파르마콘(pharmakon)'에 비유한다는 것을 발견한다. 앞서도 언급한바, 이것은 의학적 묘약인데, 치료제이기도 하고, 동시에 독이기도 한 그런 뜻을 가지고 있다. 즉 파르마콘은 약이자 독이며, 축복이자 동시에 저주인 것이다. 이러한 파르마콘은 문자와 같이 자기 고유성과 자기 정체성이 뚜렷하지 않다. 즉 그림자나 환영과 같다는 것이다.220)

테일러는 파르마콘이 관념적 동일성을 가지지 않고 양자적이기에 '신의 길'221)이라고 말한다. 이러한 의미의 이중성이 흔적의 시작이다. 그것은 데리다가 표현했듯이 플라톤주의를 해체시키는 열쇠를 플라톤 철학의 안방 장롱 속에서 발견하게 되는 역설처럼, 이데아의 아버지와는 다른 '코라(chora)'의 어머니요, 로고스의 말씀과는 다른 '파르마콘'의 문자, 너무나 오랜 세월동안 코라와 파르마콘의 철학자로서 잊혔던 플라톤을 흔적으로 부활시키는 것이다. 반플라톤주의는 너무나 플라톤을 사랑함일런가? 애증(愛憎)은 사랑과 증오의 결합이다.222)

---

219) 역설적이게도 소크라테스는 고대 희랍사회에서 자신이 비난했던 '파르마콘'의 화신(pharmakos, pharmakeus: 마법사, 돌팔이 의사, 무당)으로 지탄받아 사약을 받게 되었다. 그의 말은 '파르마콘'과 같아 뜻을 종잡을 수 없어 청년들을 독살시키고, 영혼을 마비시키는 독약과 같은 것으로 간주되었던 것이다.

220) 파르마콘에 관하여는 김형효, Op. cit., pp.100-101, pp.105-111, p.113, pp.117-122, p.127, pp.142-144, p.151, pp.156-158, pp.204-205, pp.222-223, pp.261-262, p.380 등 참조.

221) ER., 112-118 참조.

222) 그렇다면 멸시된 우리네 언어의 이중성은 어떠한가? 한때 유행했던, 아니 지금도 유행하고 있는 '짱'이라는 말이 있다. '얼짱', '몸짱', '맘짱', 특별한 능력을 의미하는 '쌈짱', '춤짱', '말짱'을 넘어 인물 반반한 특수강도 수배자를 가리키는 '강짱', 그리고 미모와 말솜씨로 공천을 때낸 젊은 '정치얼짱'까지, 짱은 일본에서 이름 뒤에 붙이는 애칭인 '장(ちゃん)'에서 비롯된 것이라는 이야기가 있지만, 으뜸 직책 또는 그 직에 있는 사람을 가리키는 한자어 장(長)이 그 어원이라는 설이 더 유력하다. 인터넷 공간에 '짱'이 최고를 뜻하는 말이라는 의미와 함께 짜증의 준말이라는 해석이 돌고 있는 것은 의미심장하다. 따라서 '몸짱', '얼짱'처럼 '최고'를 의미하는 말이 역설적이게도 '짱나'로 표현되면, '짜증나'의 줄임말로 앞서와는 다른 '최하'를 의미하는 말이 된다. 과연 데리다의 차연은 깊이 있는 철학적인 통찰력이고, '짱'은

사실 서구의 종교사상사는 외형상 배타적이고 부정할 수 없는 반대 극단 사이에서 시계의 추처럼 움직여 온 것으로 이해될 수 있다. 이제 이 극단은 다음 페이지의 <그림 1>처럼 신의 영원 전부터 시간 내에 하나의 유한한 진리를 거쳐, 어둠을 넘어 탈중심으로, 마침내 놀이로 진행될 것이다.

물론 그 놀이에는 흔적이 묻어있을 것이다. 그리고 이러한 놀이가 놀이로 멈추는 것이 아니라, 윤리적 측면을 언급할 수 있음은 하나의 중심이 해체된 후 모든 것이 중심이고, 변두리가 제 소리를 찾고, 각주(脚註)가 주(主)의 말씀으로 회복되어 본문에 자리 잡고,[223] 미주(尾註)가 전주(前註)로 뒤바뀌는 그런 사유를 희망하기 때문이다. 그리고 이때 우리들의 사유는 정신의 성숙이 가능한 것이다. 배철영도 말했듯이,

> "오늘날 살벌한 후기 산업사회를 살아내느라 찌들어진 우리의 삶의 궁핍을 이겨내기 위한 최선의 전략이라는 게 무엇이겠는가? 결국 우주(자연)의 기운과 생동 원리를 포착하여 그에 귀의 혹은 합일하여 내면의 안정을 기하고 정신의 성숙과 도야를 지향하는 것 아니겠는가?"[224]

사실 시뮬라크르의 행진이 이어질 21세기는 종교에 있어서 심각한 위협인 동시에 기회가 될 것이다. 테크놀로지의 발달이 인류의 오랜 숙원인 이원론적 차별의 극복을 이룩할 수 있겠다는 전망이 나오고 있으며 이는 로봇 공학, 나노 공학, 유전자 공학 등의 발달로 인간과

우리 언어의 표피적인 것에 지나지 않을까? 흔적의 시작은 의미의 이중성에서, 그리고 그 의미의 이중성에 차별을 두지 않는다. 거기서부터 인문학은 시작된다.

223) 김승철, 「동양신학과 탈식민지적 글쓰기」, 『오늘의 문예비평』 통권 17호, 책읽는 사람, 1995 참조.

224) 배철영, 「(추상적) 한국화의 문법(1): '정신성'의 의미」, 『大同哲學』 23집, 大同哲學會, 2003, p.597.

기계의 구분이 무의미해져, 바로 그때 플라톤 이후 서양 인식론의 기본 공리로 군림해왔던 현상과 실재의 이분법도 퇴색할 수밖에 없을 것이다. 동시에 이원론의 차별성을 계속해서 지적해왔던 해체철학의 임무도 완성될 수 있을 것이다.[225]

---

225) 물론 테일러에 의하면 사이버스페이스 네트워크의 디지털 테크놀로지를 통해 기독교의 핵심사상인 성육신이 지상에서 구현될 때 해체신학자이자 문화철학자인 테일러 자신의 소명도 완성되리라고 확신한다 (배국원, Op. cit., 312). 그러나 필자는 이러한 성육신을 흔적의 개념으로 설명하여 단지 라스베거스가 신국이 아니라, 자아 소멸 이후 흔적으로 존재하는 관계성의 윤리적 함의야말로 신국이라 생각하며 테일러와 견해를 달리한다.

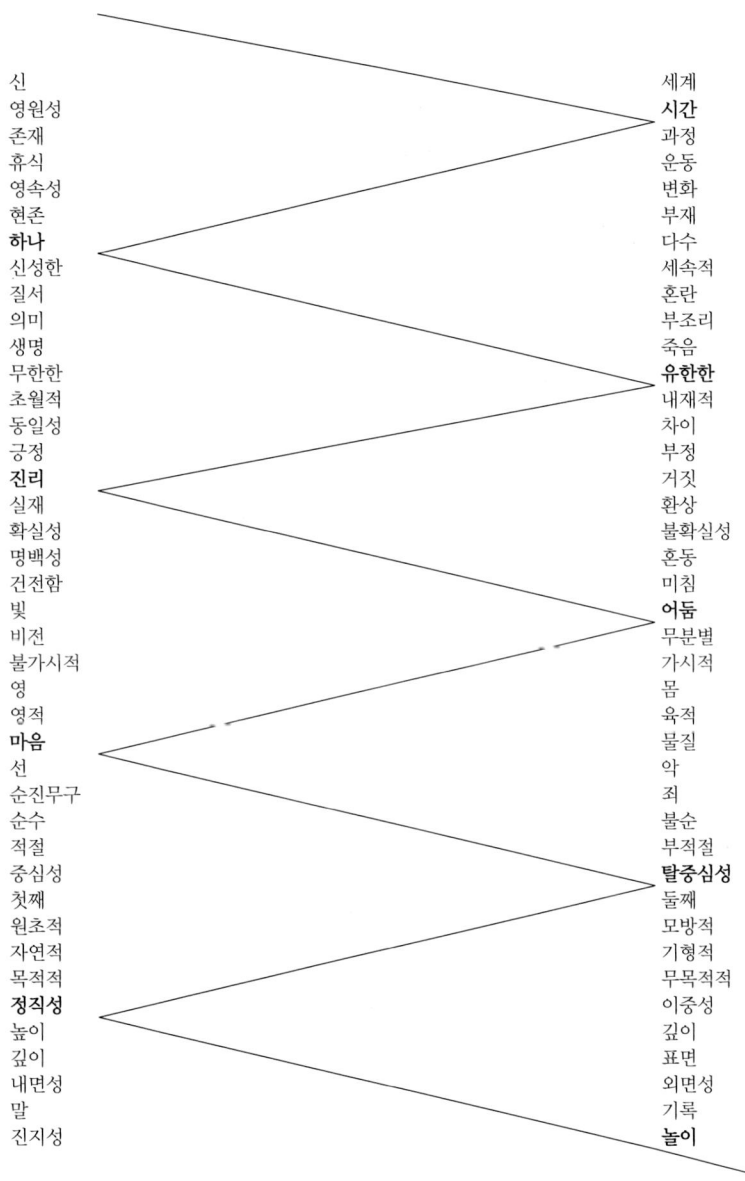

<그림 1> 서구 종교사상사의 궤적(ER., 8-9)

4) 흔적은 '얼굴 없음'과 동일성 상실이어라

리베스킨트는 '유대 미술관'이라는 작품을 통해 건축물을 그 자체로 미술작품으로 만든다.[226] 즉 미술 작품을 전시하는 미술관이라는 장소가 미술작품이 되는 것이다. 이러한 건축물로서 동일성 상실은 자기 비움의 흔적을 내포한다.

앞서도 언급하였지만, 자기 비움이란 단어의 산종이다. 이러한 자기 비움은 단 한 번만의 사건이 아니라, 단어의 산종 속에서 반복적으로 야기된다. 단어는 자아를 십자가에 못 박음으로써 전파된다. 여기에 글의 피할 수 없는 수난이 존재하는 것이다. 자아의 못 박힘, 즉 자아희생이란 개인적인 주체성의 죽음을 승인하는 것이다. 이러한 자아희생, 나아가 자기희생은 자기를 잊어버린다.[227] 곧 흔적은 '얼굴 없음'과 동일성의 상실인 것이다.

이러한 자기 망각은 어디에 나타나는가? 테일러에 따르면 적그리스도인 디오니소스(Dionysos)의 포도주에 의하여 유발된다.[228] 얼굴 없음과 동일성의 상실은 디오니소스의 포도주로 드러나는 흔적이다. 그리고 디오니소스의 포도주야말로 상징계를 깨뜨리고 실재계로 환대 받을 수 있는 묘약이 아닌가? 보라! 모세의 손에 십계명이 떨어질락 말락 하고 있다.

---

226) 이에 관한 테일러의 설명은 NT., 122–165를 참조. 여기서 테일러는 리베스킨트의 건축을 비건축(not architecture)이라고 설명하며 그의 건축물들을 분석하고 있다.

227) ER., 142–143.

228) ER., 145.

5) 외파와 흔적

해체주의를 실험적으로 확장하는 테일러는 현대 건축물과 미술의 이미지를 탐구하고 있다. 이것이 다양한 문화에 나타난 종교성으로서 '해체와 흔적'의 구조인데, 가령 『외파: 예술, 건축, 종교(*Disfiguring: Art, Architecture, Religion*)』[229]는 이러한 해체와 흔적을 건축과 회화에서 구체적으로 드러내는 것이라고 할 수 있다.

이 책에서 테일러는 안셀름 키퍼(Anselm Kiefer)의 회화와 피터 아이젠만(Peter Eisenman) 같은 건축가의 '해체적'인 전복적 포스트모더니즘을 외파를 통해 살펴보고 있는데, 외파는 깊이에 대한 해석에 있어서 우선시되나, 20세기 예술, 건축과 종교에 있어서 숨겨진 것이다. 많은 위대한 현대 미술가와 건축가들은 그들 작품에 있어서 영적인 중요성을 고집해 왔으나, 현대 예술과 건축사가들은 종교적 질문을 피해왔다.

비슷한 방식으로 현대 철학자와 신학자들은 대부분의 영역에 있어서 시각예술을 무시했다. 테일러는 조심스럽게 구조화되고 미묘한 종교적 전제의 분석을 조심스럽게 제시하며 그 전제는 최근의 예술 이론과 실천을 포함하는 것이다. 그리고 그렇게 함으로 우리 지역의 문화적 전망을 다시 세우게 된다.[230]

가령 키퍼의 그림들이 문화적 전망을 새롭게 하는 이러한 외파를 잘 보여준다. 가령 고정된 액자의 이미지를 외파하고 그림과 현실의 경계까지도 지워버린다.[231] 이처럼 테일러는 20세기 예술과 건축을

---

229) 동사 Disfigure가 외관을 손상하다, 볼꼴사납게 하다의 의미를 지니기에 Disfiguring을 형상을 파괴하는 것으로 외파로 번역한다. 테일러는 디자인, 상징, 장식품 등을 옮긴다는 의미로 외파를 현대의 건축과 추상화에서 그 예를 살펴 볼 수 있다고 말한다.

230) DF. ; http://www.frontlist.com/detail/0226791335 참조.

모더니즘과 포스트모더니즘이라는 두 가지 대조적인 시기로 나누고 어떻게 이 두 세기를 '외파'라는 다양한 의미를 통하여 이해할 수 있는지를 포스트모던 건축자들과 화가들을 통해 보여준다. 그래서 그는 디자인, 상징, 그리고 장식품 등을 옮긴다는 의미로서 추상화와 초현대적인 건축을 외파하면서 팝 예술과 포스트모던 건축이 이러한 엄숙한 순수주의를 놀이의 이미지로 외파시킨다고 말한다.

> "테일러는 피터 아이젠먼 같은 건축자와 안셀름 키퍼 같은 화가들의 '해체적'인 전복적 포스트모더니즘 안에서 보다 근원적인 종류의 외파를 제공한다. 이러한 예술가들은 형상할 수 없음을 형상화하려는 시도를 한다. 그래서 우리들 포스트모던 시대를 위하여 거룩성을 다시 형상화하는 가능성을 창조한다고 말한다. 테일러의 '외파'에서의 커다란 기획은 구성적이거나 혹은 아마도 좀 더 분명히 탈구성적인 것이다. 20세기 미술과 건축의 종교적인 차원을 탐구하면서, 테일러는 어떻게 시각 예술이 지속적으로 신학적 상상력을 위한 자원으로 이용될 수 있는지를 보여주고 있는 셈이다."[232]

테일러는 아이젠만에게 보낸 편지[233]를 통해 그의 작품에 대한 감탄을 늘어놓고 있다. 아이젠만(Eisenman)에서 마지막 철자를 떼어내고 이름을 거꾸로 읽으면 '암네지'[234]가 된다. 이것은 그의 작품이 잊을 수 있는 것이라는 뜻이 아니라, 그가 자기 영역에서 행한 작업의 내용이 '잊다'로 요약될 수 있음을 의미한다. 그는 건축을 '거꾸로 읽어'나갔다. 즉 건축 언어를 더욱 근원적인 상황으로 되돌려서 탐구한 것이다.

특히 아이젠만이 뉴욕만 입구 서쪽에 있는 스태튼 섬(Staten Island)

---

231) 키퍼의 그림은 아래의 주소를 참조. http://blog.naver.com/biglion.do?Redirect=Log&logNo=591558
232) http://www.frontlist.com/detail/0226791319 참조.
233) TE., 51-53 참조.
234) 이는 Amnesie, 즉 '잊다'라는 단어를 연상시킨다.

에 세운 예술과학 연구소의 경우 예술과 과학이 건축물에서 만나고, 그 만남은 외파의 형식을 갖는다.

따라서 건축비평가들은 아이젠만을 해체주의자 그룹에 분류한다. 그러나 그는 스스로를 '세계 건축의 고릴라 20명으로 구성된 엘리트 클럽'에 속한다고 말하며 자신을 전위 예술가라고 여긴다. 이러한 아이젠만에게 '미학에는 명료한 해석도 깨뜨릴 수 없는 근원적 가치도 없다'고 생각한 데리다와의 만남은 결정적으로 중요한 일이었다. 따라서 그는 레비스트로스, 촘스키, 롤랑 바르트, 미셸 푸코 등의 이론들을 깊이 탐구하고, 건축의 근본적인 수정을 요구하고, 권력 과시 기능을 포기할 것을 주장했다. 건축은 어떤 연관도 없이 오로지 자신만을 위해서 존재하는 텍스트로 읽혀져야 하며 따라서 인간적인 기능 맥락에서도 벗어나야 한다는 것이다. 그의 목표는 과거나 현재나 변함없이, 어떤 형태로든 건축의 형이상학 및 인간 중심적 방향성을 해체시키는 일이다.[235] 이러한 외파는 실재계에서 명증이 드러나는 흔적이다.

6) 이미지와 흔적

실체 인식에 있어서 물질이냐, 지각이냐의 긴 논쟁에 새로운 관점을 던져준 들뢰즈는 이미지를 그 대안으로 제시한다. 뇌가 생존을 위해 작용하는 방법이 이미지를 확인하는 방법이라는 것인데,

---

235) 크리스티나 하베를리크, 안인희 역, 『20세기 건축』(서울: 해냄, 2002), pp.212-217.; 홈페이지 http://prelectur.stanford.edu/lecturers/eisenman/ 참조.

"외부의 작용이나 자극을 걸러내는 것은 유기체로서 생존하기 위해서 필수적인 것이다. 그런데 바로 이러한 생존의 원리는 이후의 삶에서도 '실용성의 원칙'으로 고스란히 유지된다. 우리는 우리의 시각에 들어오는 모든 정보를 수용하는 것이 아니다. 살아가는 과정의 편리성과 안전함 등에 도움이 되는 정보만을 수용하고 기록하는 경향이 있다. 결국 생존과 실용성의 원칙에 따라서 뇌라는 이미지는 자기에게 작용하는 무수한 이미지들 중에 일부만을 남기고 나머지는 걸러내버린다."236)

따라서 우리의 뇌는 나름대로의 관점을 가지고 있는 것이다.

"뇌를 가지고 있는 우리 인간들이 기본적으로 이미지들의 작용에 대해 뺄셈을 수행하고 있다는 말이다. … 뇌를 가진 우리 인간들을 주체라고 부른다면, 주체는 외부의 자극 또는 이미지들의 작용에 대해서 어떤 추가적인 덧셈을 하기보다는 기본적으로 덜어내고 감소시키고 제거하는 역할을 담당하게 된다. 주체가 가지고 있는 능동성과 적극성, 그리고 종합하는 능력 등이 강조되지 않고, 이미지 존재론에서는 주체가 수동성, 소극성, 그리고 배제하는 능력으로 규정된다는 것이다. 물론 이것은 포스트구조주의 등에서 말하는 주체의 죽음이라는 주장과 일정하게 맞닿아 있다."237)

이러한 이미지 존재론은 이미 베르그송으로부터 이어받았다고 들뢰즈는 말하고 있다. "베르그송은 이미지 존재론에서 이미지들의 작용과 반작용을 '세계'라고 보았다. 그런데 거기에 일종의 감속장치 또는 감속 매체로서 인간이 등장하게 된다. 인간이라는 이미지는 작용에 대해서 그대로 반작용하지 않고 선택 작용을 수행한다."238)

---

236) 박성수, 『들뢰즈』(서울: 이룸, 2004), p.45. 이것이 마치 걸러내는 체, 또는 망사, 스크린을 닮았다 해서 들뢰즈의 "뇌는 통일성이다. 뇌는 스크린이다"고 말한다. [뇌는 스크린이다: 질 들뢰즈와의 인터뷰, 카에 뒤 시네마, 380, 25-32; 그레고리 플랙스먼 엮음, 박성수 역, 『뇌는 스크린이다—들뢰즈와 영화철학』(고양: 이소출판사, 2003), p.532.]

237) 박성수, Op. cit., p.46.

238) Ibid., p.59. 들뢰즈에 의해 스크린, 혹은 뺄셈장치라고 불리는 것이 이런 맥락이다.

그렇다면 사유를 고민하는 인문학적 이미지는 어떻게 그려질까? 주목받지 못한 이미지는 우리의 뇌에 흔적으로 남아, 언젠가는 부각되고, 주목받기를 기다리는 것은 아닐까? 그리고 이 흔적의 대표적인 예가 바로 신과 타자이다. 실용성의 원칙에 따라 신과 타자는 철저히 배제되거나, 극복되어진 역사가 이미 우리의 사상사는 경험한 바였으며, 그것은 중세의 신의 모습을 되찾는 그런 것이 아니다. 중세의 흔적은 또 다른 실용성의 원칙이었다. 이미지가 흔적을 통하여 정체성을 형성하는 것이다. 그리고 그것은 다시금 모방을 통해 흔적을 남긴다.

이미지가 모방을 통해 흔적을 남기고 흔적이 이미지를 통해 모방하고, 모방이 이미지와 흔적으로 드러나는 것이다. 실재계는 그렇다. 동일시와 아버지의 이름이 상상계와 상징계만큼 분명하게 보이지 않는 것이다. 흐려 보일 그때 해체와 윤리가 다시금 빛을 발하는 것이다. 따라서 이미지는 흔적의 아들이다.

이미지를 흔적의 아들로 파악하는 이유가 바로 여기에 있다. 테일러의 다양한 실험 가운데 하나로 인터넷을 통해서 핀란드에 있는 대학에 강의를 개설하고 주고받은 메일을 묶어 『이미지론: 미디어 철학(Imagologies: Media Philosophy)』이라는 책을 출판하였다.[239] 1994년 초판되었는데, 당시 파격적이고 성공적인 기획이었음에도 불구하고 테일러는 이 책을 통해 아직도 텍스트, 곧 언어가 영상과 이미지를 결정할 수밖에 없다는 한계에 고심하게 되었다.[240]

그렇다면 어떻게 언어를 넘어서 이미지와 영상이 우선할 수 있는가? 이미지 디자이너인 사진작가(photographer) 톰 앨리슨(Tom Allison)

239) 이 책은 애사 새리넨(Esa Saarinen)과의 공동 저작이다.
240) 배국원, Op. cit., p.311.

과 크리스 골른(Chris Gomlen)과 함께 작업한 『숨기기(Hiding)』는 먼저 표현할 이미지를 결정하고 그 후 텍스트를 적어나간 새로운 시도를 선보이고 있다. 가령 이 책은 서문부터 도표로 된 이미지를 보여주는데, 이는 종이와 글자의 색깔까지 빨강, 검정, 흰색, 오렌지색 등의 이미지로 표현하고 있다.[241] 즉 테일러는 매체(medium) 그 자체가 이미지라는 점에 착안하여 다양한 재질과 색깔의 종이로 이미지를 보강하는 효과를 이 책에서 시도하는 것이다.

> "테일러의 주요한 관심은 포스트모더니즘의 주장이 우리들 실재에 관한 개념에 있어서 깊이의 부족이라는 것이다. 테일러에 의하면 포스트모더니즘은 표면들에 대한 새로운 의미를 가져다주었으며, '의미의 부재'가 아니라 억제할 수 없는 '황홀함의 만연(ecstatic proliferation)'인 것이다(의미는 층과 표면 밑에 숨는다)."[242]

표피적인 이미지들 속에 숨겨져 있는 그림, 그곳에서 우리는 의미의 부재가 아니라 황홀함의 만연을 엿볼 수가 있는 것이다. 따라서 테일러는 언어를 뛰어넘을 수 있는 멀티미디어 매체에 대한 관심을 가지고 마치 전자게임 CD와 같은 <실재계: 라스베거스(The Real: Las Vegas)>를

---

241) 보통의 책의 경우 이미지는 책의 내용을 보강하는데 그친다. 그러나 이 책에서는 이미지를 먼저 강조하고, 그 다음 텍스트로 이 이미지를 보강하는 책인 것이다. 데리다가 자신의 책을 해체적으로 편집한 것과 같은 방식으로 테일러는 이미지를 표현하기 위해 이렇게 저작한 것이다. "『숨기기』의 독자들을 사로잡는 첫 번째는 책의 디자인이다. 활자는 크기와 폰트(fonts)로 바뀐다. 즉 단어와 페이지는 색으로 바뀐다. 가령 흰 바탕의 검은색은 붉은 바탕의 검정에서 흰 바탕의 녹색이나 오렌지색으로 바뀐다. 텍스트의 단편들은 페이지를 질의 중간을 가로지르거나, 페이지 주위를 뱀처럼 휘몰아 산산조각낸다. 대담한 이미지들은 책의 곳곳에 흩뿌려져 있으며, 종종 패션 잡지의 페이지에서 오려붙인 것도 있다. 이러한 책의 디자인 변형처럼, 테일러는 칸트, 니체의 논의에서부터, 그리고 칸트로부터 포스트모던 탐정소설인 데니스 포터(Denis Potter)와 폴 오스터(Paul Auster)(탐정들을 위해, 결국 답은 항상 숨겨진다) 등의 다른 주제들로 가로지른다. 책의 디자인을 통한 라스베거스의 '종교적' 건축과 패션 이미지의 긴장과 흥분(tatooing)으로 우리의 관심을 테일러의 텍스트는 지속적으로 끌어들이고 있는데 이것은 창조적이면서 동시에 일관성이 있다."(http://www.frontlist.com/detail/0226791599)

242) Ibid.

실험적으로 제작하게 되었다.

이처럼 테일러의 흔적은 사상사와 문화 전반을 가로지르며 곳곳에 흔적을 산종시켜 놓은 것이다. 다음 장에서는 이러한 흔적의 산종을 좀 더 구체적으로 살펴보고 그 흔적의 사유와 윤리적 사유의 관련성을 모색해보도록 하자.

IV. 서양 사상사에 있어서
흔적의 사유와 윤리성

유구한 서양 형이상학의 역사, 그 역사는 자신의 광명을 인류 정신사 곳곳에 찬란한 빛으로 비추었으나, 몇 번의 심각한 도전을 받아 그 빛을 잃은 것도 사실이다. 가장 결정적인 도전은 니체의 신 죽음의 선포였으며, 이 선포로 말미암아 서양의 형이상학은 이제까지 접하지 못했던 결정적인 도전을 받게 된다.

니체의 신 죽음의 선언은 '영원하고 절대적인 존재'의 죽음을 선포한 것이며 동시에 기독교와 형이상학, 나아가 인간의 도덕과 세계사에 있어서 우리 인간이 의지할 수 있다고 믿었던 '절대적 가치와 의미'의 상실을 고하는 허무주의의 선언이었기에 찬란한 빛은 그 광원(光源)을 잃어버리는 듯했다.

그러나 니체는 '우주적 필연과 허무'를 용감하게 인정하면서 인간이 스스로의 '의미'를 창조하는 '초인'이 될 수 있다고 주장함으로써 스스로 광원이 되어 자신이 내세운 허무주의를 극복할 수 있다고 생각했다. 그 결과가 어떻게 진행될지, 그를 따르는 많은 사상가들, 나아가 오늘날의 무수한 포스트모더니스트들은 아직도 니체가 던져준 빛의 파장 안에 있기에 진행 중이라고 말할 수 있다.[243]

---

243) 물론 사이버 공간에서는 이러한 초인이 가능하다. 테일러가 사이버 영지주의를 극찬하는 것도 바로 이러한 맥락인데, 그렇다면 기독교의 신체성(soma)의 긍정은 어떻게 설명해야 할까? 테일러를 따르지만, 조심스레 경계하는 것은 바로 이 때문이다. 그리고 이러한 빛은 근원적으로 상상계와 상징계의 형이상학이기에 실재계의 차원에서는 다른 방식으로 해석되어야 한다.

니체의 파장 안에서 그 파장을 거슬러 올라가 광원 자체보다는 '빛의 비춰진 상태'에 주목한 이가 있다. 니체의 후예인 하이데거 (M. Heidegger)는 영원하고 절대적인 존재의 죽음에 대한 충격을 자신의 존재론에서 새로운 방식으로 접근한다. 즉 그는 서양의 형이상학과 존재론에 있어서 하나의 착각을 지적하는데, 그것은 다름 아닌, 영원하고 절대적인 '존재(Sein)'와 유한한 '존재자(Seiende)' 사이의 좁혀질 수 없는 분열을 이해하지 못한 것이라고 비판하며, 출생으로부터 죽음에 이르는 유한한 존재자가 저마다 자신의 시간 속에서 자기 것으로 발생시키는 '존재'의 사건인 실존을 언급한다. 유비하자면 광원에서 빛이 비춰진 개별 상태로 관점을 바꾸는 것이다. 즉 서양의 전통적 형이상학이 믿어왔던 '영원하고 절대적인 존재'(광원)를 나만의 일회적인 '존재자의 존재(das Sein des Seiende)', 즉 빛이 비춰진 개별 상태로 대치시킨다. 즉 '존재'를 개별화하고 유한화하였던 것이다.

이러한 하이데거의 영향하에 레비나스와 데리다는 존재 자체를 좀더 해체한다. 아니 빛이 비춰진 개별 상태를 좀 더 분석하는 것이다. 가령 레비나스는 '영원하고 절대적인 존재'를 해체하여 '나만의 일회적인 존재자의 존재'로 대치시킨 하이데거의 존재자를 '흔적의 사유'로 바꿔버리며,244) 데리다는 레비나스의 이러한 흔적의 사유를 '차연의 형이상학'과 '문자학(Grammatologie)', 그리고 전혀 다른 글쓰기에 대한 열정으로 바꿔 버리고 만다. 여기서 빛은 그 의미를 어둠과 함께 공유한다. 광원은 어느새 자신의 근거를 잃어버리고, 자신의 몸에서 파생된 그 빛마저 흔적으로 남겨두고, 마침내 그 정체성까지 형이상학에서 문자학으로 전환되는 것이다. 아니, 테일러를 사유하며 우

---

244) 이것은 다른 말로 빛의 광원은 알 수 없고, 단지 빛의 흔적만 존재한다는 것은 아닐까?

리는 문자학에서 윤리학으로 패러다임 전환해야 하는 것이다.

영원하고 절대적인 존재와 나만의 일회적인 존재자의 존재, 그리고 흔적의 사유와 차연의 형이상학은 어쩌면 하나의 메타포, 즉 흔적이라는 개념으로 묶을 수 있지 않을까? 하이데거의 존재론적 해체는 데리다의 차연을 통해 주체의 해체로 이어지지만 그 흐름은 테일러의 신학 안에서 자아의 해체로 나타나며 이러한 자아의 소멸은 흔적으로 드러나기 때문이다. 자아의 죽음, 이곳에서야말로 진정한 존재론적 윤리가 탄생하는 것이다.

이러한 흔적을 발생사적으로 소급하여 그 계보학을 이번 장에서 살펴보도록 하자. 사실 흔적의 사유라는 것은 흔적만을 남겨야 할 터인데, 새로운 서사와 윤리라는 이름의 휴머니즘을 창조하지 말아야 하는 상상계의 함정에도 불구하고 장소와 신체성의 개념을 가진 '시간/공간' 속의 실재계의 존재로서 일정한 규범을 세움은 어쩔 수 없는 윤리학의 딜레마이다.

1. 플로티노스에 있어서 흔적의 사유

1) 만물의 근원 일자

흔적이라는 말을 사상사에서 제일 처음 사용한 이는 플로티노스 (Plotinos, 205~270?)[245]이다. 플라톤, 아리스토텔레스와 함께 서양 고 대철학의 커다란 세 별인 플로티노스는 신플라톤학파의 창시자이 다.[246] 그는 이집트의 니코폴리스에서 태어났으며 암모니오스 삭카 스[247](Ammonios Sakkas, 175~250)의 문하에서 공부하고, 골디아누스 (Gordianus) III세의 군대를 따라 페르시아 원정에 참가하였는데 그때 동양의 학문을 습득하였다고도 전해진다. 후에 로마에서 제자들을 모 으고 고수하였다. 그는 아리스토텔레스 이후의 최대의 사상가이며, 희랍 철인의 최후의 인물이었다. 그의 사상은 스승 삭카스로부터 받 은 것인데[248] 플라톤의 사랑(에로스)에 기초를 두고 신플라톤학파를

---

245) 이 이름은 로마식 이름인데 그의 조상 중 한 사람이 노예 신분에서 자유민으로 되면서 플로티나(Plotina) 황후의 이름을 딴 것으로 추정된다. 남편은 로마 5현제 중의 한 사람인 트라이아누스(Trianus, 98~117) 황제이다.

246) 물론 신플라톤주의의 창시자는 플로티노스의 스승인 암모니오스 삭카스이다. 그러나 사실상 창시자이자, 주요한 주창자는 플로티노스로 이해된다. 사실 신플라톤주의라는 개념은 근대에 와서야 확립이 되었는데, 플로티노스의 스승 삭카스를 비롯, 플로티노스의 제자인 포르피리오스(Tryrian porphyrios, 230~300) 와 이암블리코스(Iamblichos, ?~330), 플루타르코스(Plutarchos, ?~430), 프로클로스(Proklos, 411~485) 등이 있다.

247) 삭카스의 뜻은 인도인들이 고행을 떠날 때 여장을 꾸리던 '보따리', 혹은 '배낭'을 의미한다.

248) 삭카스는 소크라테스처럼 단 한 줄의 글도 남기지 않았는데, 최근의 연구 성과는 그가 존재하는 모든 것 들은 완전성의 정도에 따라 층 지워진 하나의 체계를 이루고 있고, 이 체계의 정상에는 창조주인 데미우 르고스(demiurgos)가 있다고 하는 것과 플라톤과 아리스토텔레스의 사상은 사실상 일치한다는 것을 주

형성하였다. 중심적인 사상은 '우리 속에 계시는 하나님과 우주에 계신 하나님과의 조화를 발견하려고 노력'한 것이며 여기서 하나님은 '일자(一者, τὸ ἕν)'로 이해된다. 그의 사상적 개념인 일자는 모든 차별 위에 초월한 우주의 근원이며 유일, 절대이시고 우주의 만상은 이 일자로부터 흘러나왔다고 말한다.

'흘러나옴', 즉 '유출((εκλαμποις)'에는 세 단계가 있는데 정신(νούς), 영혼(φυχὴ), 물질(ὕλη)로의 유출이다. 따라서 물질을 떠나 일자에게 돌아가려고 애쓰는 것이 인생의 참모습이며, 그 복귀의 길이 '덕'이고 철학 사상이라는 것이다. 그리고 가장 중요한 것은 일자와 직관에 있어서 일치하는 황홀경(ecstasy)에 들어가는 것이라고 플로티노스는 말하고 있다.[249]

이러한 플로티노스의 사상에 대해 지식의 확실성과 역사성 및 실존을 추구하는 근세 이후에는 타당하지 않다고 말하며 이의 근거로 주장하는 세 가지 이유가 있다.

> "첫째로 플로티노스의 사유는 종교적, 신비적이다. 예를 들어 정화(淨化), 초월을 향한 엄청나게 진지한 노력, 초탈(超脫, ekstasis), 관상(觀想, theoria), 일자론(一者論) 등이 이런 특색을 잘 나타내고 있다. 둘째로 플로티노스에 있어서는 사회 및 국가의 문제가 전적으로 배제되어 있다. 셋째로 그의 사유에는 개별자와 역사성이 결여되어 있다."[250]

장했다고 한다.(이강서, 「일자(一者)와의 합일(合一) HENOSIS」, 『철학과 현실』겨울호, 철학과 현실사, 1995, p.326.)

249) 기독교서회, 『그리스도교대사전』(서울: 대한기독교서회, 1972), p.1120 참조.

250) 이강서, Op. cit., p.332.

사실 플로티노스에 대한 비판의 초점인 정화와 초탈, 관상 등의 '종교적이고 신비적인 것', '사회 및 국가 문제'가 배제, '개별자와 역사성의 결여'는 모던적 사고방식의 문제제기이다. 나아가 상징계라는 아버지의 이름251)을 설정한 문제이다. 따라서 현재 포스트모던 사유 속에서252) 역설적이게도 플로티노스의 일자의 신비주의와 개별자와 사회, 나아가 역사를 하강의 유출로 아우르는 인식론과 상승을 통한 윤리학은 결코 역사주의나 실존주의, 사회철학이 단죄할 수 없는 스케일을 갖고 있는 것이다. 실재계로의 환대에 플로티노스를 다시금 불러오자!

어거스틴은 물론이고253) 중세 기독교 신학의 교리,254) 더 나아가 근대 철학에 있어서 스피노자(B. Spinoza)와 헤겔에 이르기까지 플로티노스의 영향은 막대하다. 그리고 그것은 질적으로 서로 다른 영역들 간에 필연적인 변증법적 동향에 대한 노스탤지어로 현대의 서구 사상 구석구석에 녹아있다.

만약 우리가 진정한 존재를 탐구하고 다양성을 추구하는 것으로부터 전환하여 근원으로 복귀하려 할 때는 언제나 플로티노스의 철학적 심리학과 형이상학이 그 근저에 놓여 있음을 알게 될 것이다. 이러한 플로티노스의 위대함을 소개한 것 중에 가장 대표적인 것은 노발리스

---

251) 가령 사회 및 국가라든지, 역사성 같은 것은 상징계의 구조이다.

252) 테일러를 따라 지식의 불확실성. 선형적이고 직선적인 기독교 역사관의 붕괴 및 실존의 소멸(자아의 소멸) 등

253) '밖으로 향하지 말고 너 자신 속으로 들어가라. 진리는 인간의 내부에 있다'는 어거스틴의 사상은 플로티노스의 신비주의를 통하여 그를 괴롭히던 회의주의(懷疑主義)를 극복한 것이다. 그리고 이 극복은 그를 중세 기독교 철학의 대부로 일컫게 만든 것이다.

254) 가령 존재하는 모든 것들을 유출해내는 일자에게로 다가가려는 시도 같은 것. 이후 칭의론(稱義論)을 경험하기 이전의 마르틴 루터(M. Luther)와 에크하르트(M. Eckhart) 등과 같은 수많은 기독교 신비주의자들은 플로티노스의 영향하에 있다.

(Novalis)가 1798년 12월 10일 프리드리히 슐레겔(Friedrich Schlegel)에게 쓴 편지에 나오는데, 그 편지의 내용은 다음과 같다.

> "내가 자네에게 나의 사랑하는 플로티노스에 대해서 언젠가 한번 쓴 적이 있는지 모르겠네. 나를 위하여 태어난 듯한 이 철학자를 나는 티데만(Tiedemann)을 통하여 처음 알게 되었고, 이 사람이 피히테(Fichte) 및 칸트(Kant)와 어찌나 닮았는지- 관념론적인 측면에서 말일세- 깜짝 놀랐다네. 그가 피히테나 칸트보다도 더 내 마음에 와 닿는다네. … 플로티노스에게는 아직 많은 것들이 미처 사용되지 않은 채로 남아 있다네. 그를 많은 사람들에게 새롭게 알리는 일은 가치 있는 일일 걸세."[255)

중세 천 년은 물론이고, 18세기, 나아가 21세기인 지금도 많이 알려지지 않은[256) 플로티노스의 대표적인 사상인 일자 개념은 그의 제자 포르피리오스가 편집한 『엔네아데스(Enneads)』[257)에 잘 나타나 있다. 1권의 9편의 글들은 덕, 변증법, 행복, 미, 선, 악, 죽음 등 윤리학적이고 미학적인 문제들을 다루었으며, 2권은 하늘의 구조와 물질(ὕλη) 등의 자연 철학적인 논의가, 3권은 운명과 선견지명, 사랑, 영원과 시

---

255) W. Beierwalters, *Platonismus und Idealismus*, (Frankfurt a.M. 1972), S.87.에서 재인용.

256) 특히 우리나라에는 아직도 그의 주저인 『엔네아데스(Enneads)』가 번역되어 있지 않고 신플라톤주의자로만 소개되어 플라톤 철학의 그늘에 가려져 있다. 헤겔이나 레비나스 등의 많은 철학자들이 연구한 이 사상가에 대해 우리나라에는 그에 관한 연구 논문도 플라톤, 아리스토텔레스의 연구물들과 비교하면 천지차이다. 석사논문 2편, 기타 관련 논문이 10여 편 정도. 본격적인 연구서라고 할 수 있는 책으로는 조규홍의 연구가 있다(『시간과 영원 사이의 인간존재』). 이 책에서 그는 엔네아데스 Ⅲ.1, '운명에 관하여', Ⅲ.7, '영원과 시간에 관하여', Ⅳ.7, '영혼 불멸성에 관하여' 등을 번역해 놓고 있다. 특별히 꼼꼼하고, 세심한 문헌 연구로는 이부현이 계속해서 연구물을 내어놓고 있다.

257) 엔네아데스는 헬라어로 '아홉'이라는 뜻으로 9편씩 6권으로 54편으로 되어있다. 즉 여섯 개의 Ennead 와 각각의 Ennead 마다 아홉 개의 tractate(논문)으로 구성되어 있다. 포르피리오스가 여기에 플로티누스의 전기를 첨가하여 301년경에 간행하였으며, 르네상스시기에 마르실리오 피치노(Marsilio Ficino, 1433~1499)가 이 책을 라틴어로 번역하며 각 Ennead마다 장과 절로 나누고, 매 절마다 개요를 붙여 1492년에 발간하였다. 본 논문에서는 메케나의 영문 번역(Plotinus, *The Enneads*, trans. *Stephen Mackenna*, (Oxford: Great Britan at the University Press, 1969)을 따르며 EN으로 약호하고, 로마자와 아라비아 숫자로 권, 장, 절을 표기한다.

간 등의 우주론에 관한 이야기가, 4권은 영혼(ψυχή)과 감각과 기억 등
에 관해, 5권은 세 가지 근원적인 실체, 인식하는 실체와 피안 및 정
신 등에 관하여 논의하고 있으며, 6권에는 존재의 종류, 수(數), 자유
의지와 선(善) 혹은 일자(一者) 등이 논의되고 있다.[258]

플로티노스의 일자의 개념과 유출 더 나아가 악의 기원, 그러나 악
조차도 마침내 일자의 흔적을 지니기에 필연적으로 선한 질서 속에
놓여있다는 개개의 대상과 사건들에 관해 잘 설명하고 있다. "일자는
그 밑에 있는 일체 만물의 근원이며, 그 자신은 존재의 피안(彼岸)에
있으면서 일체 만물에 그 지배력을 행사한다."[259] 또한,

> "그 자체에 있어 하나이고 완전한 것(신성의 합일체)이 저 위의 것
> 들을 창조해 내기 위해서 그 자신으로부터 이탈해나감에 따라 그
> 과정에서 점증적으로 다(多)가 되고 보다 불완전한 것이 되어, 드디
> 어는 단순한 질료(質料, 존재의 否定)가 되고 마는데, 이것은 윤리
> 학상으로 악에 상당하는 것이다."[260]

그러나 "개개의 대상과 사건들은 악할지도 모르나, 전경(全景)의
한 부분으로서 관찰될 때 그들의 위치는 필연적으로 선한 질서 속에
서 찾아 볼 수 있다."[261] 따라서 무엇보다도 플로티노스의 대표적인
사상은 일자라고 말할 수 있는데, 이 일자 개념은 엔네아데스 4권만
빼고 전 권에 나타난다.[262] 요약하자면 '부정성으로서의 일자', '만물

---

258) 보다 자세한 목록은 조규홍, 『시간과 영원 사이의 인간존재』(서울: 성바오로, 2002), pp.34-38을 참조
    하라. 여기는 주제별 저술연도가 도표로 나와 있으며 엔네아데스의 전체적인 개요를 잘 알 수 있게 정리
    되어 있다.

259) 哲學思想大系編纂委員會, 『哲學思想大系 Ⅰ·Ⅱ』(서울: 이학사, 1991), p.432.

260) Ibid., p.431.

261) Ibid., p.434.

262) 가령 Ⅰ. 6.7, 9 ; Ⅱ.9.1 ; Ⅲ.7.4, 6 ; Ⅲ.8.1 ; Ⅲ.9.1 ; Ⅴ.1.6-10 ; Ⅴ.2.1 ; Ⅴ.3.12-17 ; Ⅴ.5.4-11 ; Ⅴ.6 ; Ⅴ.8.4

의 근원 및 초월자인 일자', '미와 관계되는 일자', '선과의 관계 속에서의 일자' 등으로 요약해 볼 수 있다. 일자에 관한 플로티노스의 언급을 살펴보도록 하자.

먼저 다수성(πλήθος)과 분리성(διαιρεσις)에 대한 부정으로서의 일자는 일자를 απολλοῶν, 즉 α(not)+πολλοῶν(of many)로 표현한 것에 잘 나타나 있으며[263] "참된 전체는 결코 부분들의 합에 의해서 구성되는 것이 아니고, 부분들로 나눠질 수도 없으며, 오히려 그 자체가 부분들을 발생시키는 것"[264]이라는 말에도 잘 드러나 있다. 따라서 부정성으로서의 일자는,

> "기술하기가 불가능한 것이다. 그것은 모든 진술을 초월하는 진리 속에 있다. 일자의 규정은 오직 그 대립자의 존재를 통해서만 가능하다… 일자는 일자일 뿐이며 아무 것도 아니다. 그것을 '~이다' 혹은 '일자이다'라고 말하는 것 역시 잘못된 것이다. 어떠한 이름도 그것에 적용시킬 수 없다. 그것은 모든 정의와 인식을 배제하는 것이기 때문이다."[265]

즉 일자에 관해 우리는 "'그것이 ~이 아니다'고 말할 수 있으나, '그것은 ~이다'라고는 말 할 수 없는 것이다."[266] 그러나 이러한 일자는 "근본적으로 '그 자체'이며, 모든 한정적인 존재를 초월하는 방식에서의 그 자체"[267]라고 말하며 무한정성에 기준을 두고 있기도 하다. 더 나

; VI.2,3, 9–11, 17 ; VI.5,4 ; VI.6,1, 7, 11 ; VI.7,8 ; VI8 ; VI.9 등이다.

263) EN. V.5,6.
264) EN. III.7.4.
265) EN. V.3.13–4.1.
266) EN. V.3.14.
267) EN. VI.8.14.

아가 세계의 제1원리인 일자는 플로티노스에 의하면 선과 미(κάλλος)로 동일시되어 불리고 있기도 한다. "미의 참된 본질은 단순성으로서, 이 단순성은 일자에게서 발견되는 단순성과 같다고 할 수 있다."[268] "영혼의 궁극적인 성취는 그 자신 속의 본래적인 선이다."[269] 물론 일자와 구별하여 사용하기도 하고, "선이 미를 초월한다"[270]고 선을 미보다 우선순위에 두지만, 결론적으로 본래적인 선과 미에 대한 자각과 열망은 곧 일자로 인도해주는 것이라고 할 수 있다.

2) 일자의 유출로서 흔적

이러한 일자로의 인도는 유출의 개념을 이해하는데 있어서 유용하다. 플로티노스는 유출 개념을 '광원체로부터의 자체감소 없는 빛의 발산'[271]과 '그 자체는 마르지 않는 샘으로부터의 끊임없는 물의 방출'[272]로 유비하는데, 자신의 근원 자체는 변화하거나 감소되지 않으면서 근원 그 자체로부터는 계속적으로 흘러넘치는 것을 뜻한다. 즉 '일자(τὸ ἕν)→정신(νοῦς)[273]→영혼(Ψυχὴ)[274]→물질(ὕλη)'[275]의 순서

---

268) EN. Ⅵ.7.32.

269) EN. Ⅰ.7.1.

270) EN. Ⅰ.8.2.

271) EN. Ⅰ.7.1.

272) EN. Ⅲ.8.10.

273) 정신은 또한 전체정신과 개별정신으로 나눈다. 플로티노스에 의하면 전체정신으로부터 개별 정신이 산출되나, 이 둘을 동일시함으로써 일(一)과 다(多)의 동일시를 만들어낸다.

274) 영혼 역시 세계영혼과 개별영혼이 있다. 영혼은 감각계와 예지계의 접촉점이며, 육체와의 관계에서만 성립한다. 즉 이데아의 세계를 원형으로 삼고 질료로부터 감성적인 세계를 만드는 것이다.

275) 감각의 세계인 물질적 현상으로서의 물질은 가장 불완전한 상태이다. 더 나아가 플로티노스는 물질을 일자와의 완전한 차이성으로 인하여 또한 선에 대한 완전한 결핍을 이유로 '악(惡)', 혹은 '연회장의 거지'라고까지 말한다(EN. Ⅰ.8.3.).

로 진행된다. 빛이 광원에서 멀어지면 멀어질수록 희미해지듯이 일자로부터 유출된 것도 일자에게서 멀어질수록 완전성을 결여하게 된다. 이것이 하강의 과정인데, 반대로 다시금 일자로 인도하는 것은 상승의 작용이다.

여기에 인식론과 윤리학의 결합이 가능한데, 플로티노스에 의하면 인간은 일자에서 타락되어 떨어져 나왔기에 끊임없이 일자로 돌아가려고 시도하려고 한다. 그러나 인간은 육체에 구속되어 있기 때문에 신인 일자에게 돌아가는 것이 그리 쉽지 않다. 따라서 '물질→영혼→정신→일자'로 돌아가기 위해서는 물질적인 인간의 육체를 금욕을 통하여 정신을 육체에서 해방시키고, 영혼의 세계로 들어가서 일자에 대한 순수한 사색, 더 나아가 이 사색까지도 넘어선 무의식의 상태, 망아(忘我)의 상태에 들어가서 초월적인 일자에 침잠함으로써 일자와의 합일(henosis)이 성립하게 되는 것이다.[276]

여기서 중요한 것은 범재신론을 예비한 변형된 일원론적인 사고방식[277]인데, 유출에 의해 창조된 만유(πάντα)는 항상 일자와 함께 있다는 것이다. 즉 일자의 빛 속에서만 근본으로 돌아갈 수 있기 때문에 만유와 일자는 밀접한 연관성 속에 놓여 있어 분리불가능을 드러낸다는 점이다. 이것은 플라톤의 철학이 궁극적인 이데아(idea)와 닮는다는 것에 멈추어 윤리적인 근거의 선명성을 놓치고 있다면 플로티노스는 일자와 합일하는 것이기에 자기 반성적인 의미에 있어서

---

276) 이를 엑스타시스(ekstasis, 脫自)라고 부르기도 한다. 중요한 것은 이 엑스타시스는 신이 허락하는 은총의 선물이 아니고 인간이 각고의 노력 끝에 도달하는 점이라는 것이다. 그리고 플로티노스에 의하면 이러한 엑스타시스의 경지에 도달 할 수 있는 신비가만이 참된 철학자인 것이다.

277) 혹은 통일성을 강조한 이원론의 철학이라고 말할 수 있다. 〔김병태, 「Plotinus의 一者와 流出에 관한 연구」, 계명대학교 대학원 미간행 석사학위논문, 대구 1984, pp.57-58 참조.〕

윤리적인 타당성을 좀 더 붙잡고 있게 된다.

3) 플로티노스 흔적의 윤리성

윤리학을 도덕론으로 보는 것과 존재론으로 간주하는 두 가지 측면이 있다. 만약 윤리학을 도덕론으로 본다면 보다 도덕적인 것을 추구하게 되지만, 존재론으로 본다면 도덕적인 것만 존재하게 된다. 그런 의미에서 플로티노스의 윤리학은 존재론과 밀접한 관계가 있다.

> "플로티노스의 윤리학은 구체적인 존재 안에 참된 선이 존재하고 있다고 생각한다. 구체적인 존재와 신과의 동일함 내지는 통일을 주장하는 것이다. 플라톤의 윤리적 사유가 선의 세계인 이데아의 세계를 동경하고 있는 도덕론에 가깝다면, 플로티노스는 신과의 동일함을 주장하는 존재론이라고 할 것이다. 즉 플로티노스의 윤리학은 도덕론에 머물지 않고 존재론이 되는 것이다. 일명 윤리적인 존재론이 되는 것이다."278)

이러한 측면에서 본다면 "그가 무엇을 구해야만 하는가? 보다 나쁜 것으로부터는 아마도 아무것도 구하지 않고, 그는 보다 나은 것과 일치되고자 할 것"279)이다. 인간과 신의 통일 또는 동일성을 드러내는 데 기본 적인 메타포가 만물의 근원인 일자의 유출로서 흔적이라면 흔적은 좀 더 구체적인 실체를 획득하여야 할 것이다.

이러한 흔적은 일자와 만유 사이를 유출이라는 방편을 통해 매개짓는 매개물이다. 하강할 때는 창조의 과정이지만, 상승할 때는 존재

---

278) 김영철, 「플로티노스 사상의 윤리학적 고찰」, 『대동철학』 제27집(부산: 부산대학교, 2004), pp.57-58.
279) EN. Ⅰ.4.4.

론적, 더 나아가 윤리학적 근거가 된다.

> "…존재들에 선행하는 원리로서 일자는 그 자체로 머문다. … 그러
> 나 비록 일자가 머문다고 해도 일자는 그 원리와는 다른 것이 아니
> 다. 일자는 자신의 형상에 맞게 존재자들을 유출시킨다. … 일자의
> 흔적은 본질을 발생시키며, 존재는 단지 그 일자의 흔적일 뿐이다.
> …"[280]

  곧 본질을 발생시키는 일자의 흔적은 존재의 영역으로까지 확장되
어 존재를 일자의 흔적으로 선포하는 것이다. 이러한 플로티노스의
흔적이 윤리적인 구체성을 가지는 것은 레비나스의 타자의 흔적으로
전환되었을 때이다.

---

280) EN. Ⅴ.5. 참조

2. 레비나스의 흔적 사유

1) 신의 흔적

플로티노스에게 나타나는 신을 향하여 상승해 나가는 운동을 레비나스는 'àdieu(작별)'라는 단어를 통하여 재미있게 표현한다. 'àdieu(작별)'이라는 단어에 '-'를 첨가하여 'à-dieu(신을 향해)'로 이중적인 의미로 사용한 것이다.[281] 신을 향하여 상승해 나가는 운동은 곧 세상과의 작별이며 그 작별에는 방향성이 존재한다.

곧 레비나스에게 있어서 'àdieu'라는 단어는 먼저 '작별'을 의미한다. 신을 향한 운동에서 '작별'은 이 세상을 작별하고 벗어나며, 이 세상의 실증성으로부터의 작별을 의미하며, 또한 나의 이기적인 관심이 우선하는 세상적 질서로부터의 작별을 의미한다.

두 번째로 'à-dieu'의 'à'는 '…을 향한' 방향을 의미한다. '…을 향한'은 나의 의식 쪽에서 신을 향한 '변증법적인' 끝없는 운동을 함축하고 있다. 나의 인식능력으로 파악할 수 없는 그 무한자를 향한 모호한, 즉 실증적인 방식과는 다른 방향성을 의미한다. 일단 신이라는 대상도, 내가 그를 향하고 있다는 사실은 확실하지만, 나의 유한한 인식이 그를 파악할 수 없으므로 모호한 대상이기만 하다.[282]

---

281) 데리다는 'àdieu'를 세 가지 정도로 설명한다. Jacques Derrida, trans. David Wills, *The Gift of Death* (Chicago: University of Chicago Press, 1995), p.47 참조.

모호한 대상으로서 신은 흔적을 남긴다. 이러한 흔적은 명확하게 무엇을 의미하는 기호는 아니다. 모호하게 출현하여 세상의 질서를 혼란하게 만드는 것이다. 즉 흔적을 남긴다는 것은 자신은 지나가 버리고 사라지고 떨어져 나간다는 것이다. 아니 알리바이를 남기는 것일까? 이러한 알리바이를 통해 신을 향해 깨어나며 그쪽을 향하는 방향을 의미한다. 손으로 잡을 수 없는 시간의 관념이 나무둥지에 나이테를 남김으로 자신의 흔적을 남기듯 레비나스에게 있어서 신은 타자의 얼굴에 자신의 흔적을 남긴다. 곧 무한성의 신의 지나간 부재의 흔적이 타자의 얼굴에 흔적으로 남는 것이다.

2) 타자의 흔적

철학이 주체의 문제를 다루는 학문이라면 근대 주체 철학은 사람을 당당한 주체로 세웠던 철학이다. 그리고 그 주체는 정으로 얽힌 관계를 청산하고 개인이 당당하게 서 있는 주체라고 할 수 있다. 즉 한 사람 한 사람이 평등하게 되며 자신의 권리를 주장할 수 있게 된 것이다. 따라서 이것은 근대 인권의 형성과도 맥을 같이 하게 된다. 레비나스의 『윤리와 무한』을 번역한 양명수의 말처럼,

> "사실 데카르트 이후 후설에 이르기까지 코기토는 나 밖의 모든 사물을 객체로 만들었다. 그리고 다른 사람을 객관 이성의 눈으로 바라보았다. 그것은 합리적이고 과학적인 사고방식으로서 인간을 해방하는 데 기여했다. 제삼자와의 관계 또는 냉정한 중립 관계를 인간관계의 기본으로 삼음으로써 필요 없이 엉켜 있는 관계를 떼놓았다."[283]

---

282) 한정선, 「레비나스: 신의 흔적에 대한 현상학」, p.344.

그러나 이러한 냉정한 중립 관계에서 관계성은 기본적으로 유한 책임의 관계성이다. 물론 이러한 것이 중세의 미신적인 세계에서 느끼던 공포와 벌에 대한 막연한 두려움으로부터 우리 인간을 해방시키는 역할을 하였지만 근대 주체 철학의 완성에서 우리는 또다시 인간 소외 현상을 목격하기에 '남을 섬김'에서 주체의 탄생을 보여주고 있는 레비나스는 사상은 개인주의가 이기주의로 변한 지금, 존재론에 있어서 하이데거에 이르러 정점에 이르는 서구 존재론의 저편에 있는 무한에 대한 많은 시사점을 준다. 그리고 이것은 "(하이데거의 유명한 존재론적 차이의 항들을) 전도시키는 운동의 첫걸음일 뿐만 아니라, 존재론보다 나이가 많은 윤리학으로 통하는 이 운동은 존재론적 차이 저편의 의미, 결국 의심의 여지없이 무한의 의미 그 자체인 것을 드러내 줄 것이다. 이것이 『전체성과 무한(*Totalité et Infini*)』에서 『존재와 다르게 혹은 본질 저편으로(*Autrement qu'être au-delà de l'essence*)』에까지 이르는 철학적 행보이다."[284]

　　사실 서양철학은 헤겔에게서 그 정점에 이르는데, 영성(靈性)의 차원이든 분별력의 차원이든 모두 앎으로 해결하려고 하였으며 그곳에는 언제나 전체성에 대한 향수를 느낄 수 있다. "전체성이 사라지기라도 한다면 그것이 곧 죄인 것처럼 말이다. 현실의 전체를 봐야 진리를 찾았다고 생각했으며 만족감을 느꼈다."[285]

　　따라서 레비나스가 보기에 서양 존재론은 타자를 동일자로 환원시키기는 전체성의 철학이었다. 타자의 환원 불가능한 고유성을 무시하

---

283) Emmanuel Levinas, *Ethique et infini*, 양명수 역, 『윤리와 무한』(서울: 다산글방, 2000), p.14.

284) Emmanuel Levinas, *De l'existence à l'existant*, 서동욱 역, 『존재에서 존재자로』(서울: 민음사, 2003), p.14.

285) Emmanuel Levinas, 『윤리와 무한』, p.98.

고 타자를 전체성 속에서 파악하는 것이 서양 철학의 지배적인 사유 방식인 것이다. 레비나스는 "서양 철학은 타자가 존재자로 나타남에 있어서 타자성을 상실하게끔 타자를 드러낸다"[286]고 말한다. 또한 "(타자는) 서양 철학을 지배하는 전체성의 개념 속에 고정"[287]되는 것이다. 그러나 윤리란 이러한 전체성의 종합이 아니라, 사람끼리 서로 마주하는 가운데 있으며 사귐 가운데 있다.

> "윤리라는 것이 전체성이나 전체성의 위험에 대해 이리저리 추상
> 화된 생각을 한 후에 뒤따라오는 그런 것이 아니다. 윤리는 그보다
> 먼저 그리고 독립된 차원이다. 제일철학은 윤리다."[288]

따라서 나라는 동일자로 결코 흡수되지 않는 타자는 내가 가지는 윤리적인 책임성이 나의 나됨, 즉 나의 주체성을 구성하는 근본임을 보여주는 것이다. 이것은 『존재와 다르게 또는 본질을 넘어서』에서 철저히 해명되고 있는데, 여기서 주체의 고유성은 자기 밖으로부터 선택받고 불리는 존재, 타자의 지명에 의해 형성되는 대체될 수 없는 존재, 타자의 불림을 받고 응답해야 할 책임을 지고 있는 존재의 의미를 통해 정초된다.[289]

이것은 레비나스에게 있어서 '인질', '불안', 그리고 대속(代贖, substitution)의 개념으로 설명될 수 있는데, 인질은 '타자에게 사로잡힌 사람'이고, 불안은 '자아의 동일성 안에 편안히 거할 수 없는 상태'

---

286) Emmanuel Levinas, *En Découvrant l'existence avec Husserl et Heidegger*(Paris: J. Vrin, 1982), p.188.

287) Emmanuel Levinas, *Totalité et Infini*(la Haye: Martinus Nijhoff, 1961), p. x

288) Emmanuel Levinas, 『윤리와 무한』, p.99.

289) 김연숙, 『레비나스 타자윤리학』(고양: 인간사랑, 2001), pp.222-223.

이고, 대속은 '타인의 고통을 대신하여 희생되는 상황'[290]이다. 이것이 레비나스가 말하려는 윤리적 자아의 핵이며 타자에 대한 책임을 감수하며, 타자에로의 가까움, 그 극치인 것이다.

김연숙은 "우리가 자신의 빵을 향유하는 것으로부터 타자의 기아와 요청에 귀 기울여 나의 빵을 나누는 것, 이것이 바로 이기적 자아로부터 윤리적 자아에로의 실체변화가 구체화되는 실천의 의미"[291]라고 말하는데, 이러한 실천은 타자와 무한성, 초월로 확장된다. 홉스가 '자연 상태의 인간을 본성적으로 이기적이라서 인간간의 관계는 이리'와 같다고 말한 이래, "타인은 지옥이다"라는 사르트르의 선언과 헤겔의 '주-노 관계의 생사를 건 상호인정 투쟁', 마르크스의 '유물론적 계급투쟁', 마침내 '모든 사회관계를 보이지 않는 감시와 억압이 작동하는 생체제어의 권력관계'로 파악하고 있는 푸코(M. Foucault)에 이르기까지의 인간 이해에 대한 전복적 사고이며 근대적 주체의 전체성과 종합을 넘어서기 위한 레비나스의 문제 해결책인 것이다.

앞서 언급한 무한성의 흔적이 좀 더 구체적으로 드러나는 장소로서 타자의 흔적은 윤리성을 추구한다. 레비나스에게 있어서 타자의 흔적이 무한성과 관계되기 때문에 무한성은 윤리를 불러오는 메타포가 되는 것이다.

타자는 '절대적으로 다른 자'로서 모든 것이 박탈된 궁핍한 '얼굴', 고통받는 얼굴의 모습으로 나에게 드러나며 동시에 나에게 어떤 방식으로도 환원되지 않으며 어떤 식으로도 소유되지 않는다. 그것은

---

290) Emmanuel Levinas, *Autrement qu'être au-delà de l'essence, Otherwise than Being or Beyond Essence* trans. by Alphonso Lingis, (Dordrecht: Kluwer Academic press, 1974), p.112.

291) 김연숙, Op. cit., pp.229-230.

대상 세계를 지배하고 소유하려는 나의 힘을 무력화시키고 나의 윤리적 행동을 촉구하는 윤리적인 저항이 된다.

파르메니데스 이래 하이데거에 이르기까지 서구적 일원론의 전통은 모든 진리나 가치들을 자율적 주체의 선험적 활동으로 환원시킨다. 이러한 전통에 레비나스는 타자성으로서 타자의 다름은 자아로 환원되지 않는다고 말하는데, 여기서 말하는 타자는 '자아가 구축하는 내면성에 대한 외재성(extériorité)'이다. 그리고 이 외재적 범주는 세 가지로 나눈다. '대상의 사물세계로서의 타자', '인간존재로서 타인인 타자', 그리고 '신으로서의 타자'가 바로 그것이다. 따라서 이러한 외재성을 레비나스는 타자(autre)라고 부르는데, 이 타자는 "나보다 높은 곳에 있는 나의 주인처럼 내가 윤리적으로 행동하기를 명령하고 나는 그 명령을 회피하지 못한다. 그러므로 어떤 식으로도 나에게 규정되지 않고, 오히려 나의 힘을 무력화시키고 나에게 명령하는 타자의 얼굴이란, 형이상학의 대상, 규정 불능의 무한자, 곧 신을 닮고 있다."[292]

즉 레비나스에게 있어서 윤리적 명령의 무조건성은 타자가 나보다 높은 곳에 있다는 '비대칭적 관계'를 통해서 성립한다. 따라서 나와 타자의 '평등적·대칭적 관계' 속에서는 성립하지 않는다.

> "타자는 타자로서 높음과 비천함의 차원에 스스로 처해 있다. 영광스런 비천함. 타자는 가난한 자와 나그네, 과부와 고아의 얼굴을 하고 있고, 동시에 나의 자유를 정당화하라고 요구하는 주인의 얼굴을 하고 있다."[293]

---

292) 서동욱, '주체의 근본 구조와 타자–레비나스와 들뢰즈의 타자 이론–, 『차이와 타자』(서울: 문학과 지성사, 2000), p.143.

293) Emmanuel Levinas, *Totalité et Infini*, p.229.

3) 출산과 아이, 그 흔적의 현시, 혹은 무한을 향한 초월

　　레비나스에 의하면 유한한 존재자가 무한을 향해 초월하기 위해서는 아브라함이 이삭을 낳듯, 출산을 통해서 가능하다고 말한다.

> "나 자신의 것이면서 나의 것이 아닌 것, 나 자신의 가능성이면서 또한 타자의 가능성이자 사랑하는 이의 가능성인 나의 미래는 가능성의 논리적 본질로 진입하지 않는다. 이와 같이 가능한 것에 대한 힘으로 환원할 수 없는 미래와의 관계를 우리는 출산으로 부를 수 있다."[294]

　　즉 출산을 통해 유한한 존재자는 무한을 향해 초월할 수 있다. 이는 거꾸로 말하면 출산과 아이를 통한 흔적의 현시가 곧 무한을 향한 초월인 것이다. 따라서 "출산은 생물학적 범주이기보다 존재론적 범주로 자리 매김되어야"[295] 하며 출산은 무한한 미래로의 여행을 가능케 해주는 "부성의 진정한 모험"[296]이 되는 것이다. 그 모험은 초월의 구조로 넘어가는데, 아버지의 존재를 통해서 본 초월의 구조는,

> "아들에게 주어진 가능성은 아버지가 소유할 수 있는 차원을 넘어선 자리에 있지만, 그럼에도 어떤 의미에서는 여전히 그의 것으로 남아 있다. 이것은 바로 부모로서 볼 때 그렇다. 그의 것-또는 차이가 없지 않은 것(non-indifférence)- 타자를 소유할 수 있는 가능성: 아들을 통해서 가능한 것 너머의 가능성이 열린다! 차이가 없지 않음, 이것을 통해서 자아는 가능한 것 너머로 넘어갈 수 있다."[297]

---

294) Emmanuel Levinas, *Totalité et Infini,* p.267.

295) Ibid., p.254.

296) Ibid., p.247.

297) Emmanuel Levinas, *Le temps et l'autre* 강영안 역, 『시간과 타자』(서울: 문예출판사, 1996), p.25.

서동욱은 '아이'라는 언어와 형이상학을 어원적으로 잘 연결시켜 레비나스의 출산개념을 보충하고 있다. "그 어원적 의미가 말해주듯 형이상학이란 말은 아이에 대한 가장 적절한 뜻풀이가 아닌가? 물리학은 아이를 설명할 수 없다. 물리학의 법칙들은 특정한 인격과 특정한 운명을 살아갈 아이의 출현을 해명하지 못한다. 이런 뜻에서 물리학(physica)의 뒤에서(meta), 물리학적 세계 너머에서 출현하는 자다. 아이는 세계 저편으로부터 오는 자, 곧 형이상학(meta-physica)이 맞아들여야 할 손님인 것이다."[298]

자식인 아이는 나의 미래이며 동시에 나를 넘어서는 초월자이다.

> "어느 날 나는 늙어 숨을 거둘 것이고 아이는 내가 더 이상 존재하지 않는 미래 시간 중에 던져질 것이다. 그는 내가 모르는 자신의 시간을 살아갈 것이다. 그런데 신비롭구나. 지금 자신의 유한한 시간 속에 갇혀 있는 나는 나와 하등 관계없는 이 어린 타자의 시간, 나의 것이 아니며 또 지금 있는 것이 아니라 앞으로 도래할 시간을 염려한다. 아이의 미래 시간은 지금 있는 나의 시간보다 내게 중요하다. 나는 지금 주어져 있는 나의 시간을 타자의 미래를 염려하는 데 써버린다. … 아이는 내가 결코 도달할 수 없는 미래의 지형을 탐색할 수 있게 해주는 지도 같다. 죽음을 향해 운명 지어진 유한한 시간 속에서 나는 아이를 통해 미래로 뻗어나가는 무한한 시간을 여행한다."[299]

그러나 단순히 출산만을 통해서 자기 초월, 즉 무한이 가능한 것은 아니다. 레비나스 철학의 과제는 나의 표상으로 절대 환원되지 않는, 다시 말해 나의 어떤 이해나 개념을 통해서도 거머쥘 수 없는 '이타성'을 지닌 타인과의 만남을 통해 어떻게 초월이 가능한가를 해명하

---

298) 서동욱, 「아이와 초월」, 『차이와 타자』(서울: 문학과 지성사, 2000), pp.315-316.
299) Ibid., p.316.

는 것인데, 출산은 이런 타인과의 만남을 가능케 하는 한 가지 사건
일 뿐이다.[300]

4) 책임의 윤리는 흔적을 발견한다

레비나스는 나와 절대적으로 다른 이타성을 지닌 타인과의 만남을
'타인의 얼굴'과의 마주침으로도 해명하여 초월, 즉 미래의 도래— 시
간의 탄생인— 가 바로 고통받고 상처 입은 얼굴의 모습으로 나타나
는 절대적인 타자, 규정 불능의 무한자의 호소에 응답함으로써 가능
해진다고 말한다.

따라서 주체의 자기 정립으로서 타자의 발생, 그곳에 무한이 발생
하며 윤리가 그 의미를 지닌다. 『현대사상가들과의 대화』로 현대 사
상의 흐름을 잘 파악한 리차드 커니(R. Kearney)는 레비나스를 「무한
성의 윤리」라는 단원에서 다음과 같이 소개하고 있다.

> "레비나스는 서유럽 철학의 주류가 총체화하는 존재론을 표상한다
> 고 주장한다. 소크라테스 이전부터 헤겔과 하이데거에 이르기까지,
> 총체화하는 존재론은 '차이'와 '타자성(다름)'을 '동일성(같음)'의 범
> 주에 환원시키고자 한다. 이런 존재론적 전통에 반대해서, 그는 형
> 이상학의 다른 편에 있으며 대개는 무시된 '형이상학'-레비나스는
> 플라톤의 '선'의 개념, 데카르트의 '무한성의 관념'이 여기에 속한
> 다고 주장한다- 에 반대되는 전통을 옹호한다. 그 반형이상학이 존
> 재의 총체화하는 범주들을 능가하는 한에서 말이다. 요컨대 우리의
> 유한한 세계-내-존재(être-au-monde)에 대한 레비나스의 현상학적 기
> 술들은 궁극적으로는 그를, 현상학의 한계들을 뛰어넘어, 동일자에
> 대한 타자의 우선성에 기반을 둔 초월의 윤리학으로 인도한다."[301]

---

300) Emmanuel Levinas, 『존재에서 존재자로』, pp.205-216. 옮긴이 해제를 참조.

레비나스의 윤리적 과제는 낯선 타자를 향한 자기 초월의 공간을 열어 놓음으로써 자기중심적 자아의 자연적이고 이기적인 삶을 윤리적·타자중심적·이타주의적 삶의 차원으로 초월시키는 것이다. 즉 우리 인간의 본성에서 무한윤리가 시작되어야 함을 우리들에게 요청하는 것은 아닐까? 그리고 이 요청은 신의 존재 증명까지 윤리적으로 가능하게 한다.

레비나스에 의하면 절대적 타자로서 하나님은 인간들- 우리들의 동료인- 에 대한 윤리적 관계 속에서만, 그리고 그 '얼굴을 마주 대하는 관계'를 통해서만 만날 수 있다고 말한다. 계속하여 커니의 말을 인용하여 보자.

> "(레비나스)는 성서와 탈무드의 텍스트는 우리에게 '나'는 자율적 자기의식의 순수한 계기 속에서 그 자신과 더불어 시작하는 것이 아니라 타자와의 관계 속에서 시작한다고 주장한다. 그런데 '나'는 그 타자에 대해 영원히 책임이 있다. 따라서 레비나스 사유의 전반적인 목적은, 그/그녀를 우리의 총체화하는 파악으로 환원시키려는 모든 시도를 초월하는 무수히 많은 수의 타자에 대해 지식을 열어 놓기 위해, 권력과 폭력으로서의 '지식의 자연적 조건을 뒤집어 놓는 행위'로 지식을 전환시키는 일이다. 레비나스는 이렇게 쓴다. '실존한다는 것, 그것은 총체성의 영속이라는 차원이 아닌 다른 차원에서 의미를 갖는다. 그것은 존재를 넘어갈 수 있다'"[302]

따라서 레비나스의 윤리는 칸트의 경우에서와 같이 자기 자신으로부터 정초되지 않는다. 만약 칸트의 경우와 같이 윤리가 설정된다면 타인은 내가 선한 사람이 되기 위한, 또는 나의 심성 안에 정초된 도

---

301) 리처드 커니, 김재인 외 역, 『현대사상가들과의 대화』(서울: 한나래, 1998), p.249.
302) Ibid., p.249.

덕률을 구현하기 위한 수단에 불과하기 때문이다. 그렇기 때문에 레비나스는 나에 대해 절대적으로 외재적인 타인에 의해 촉발됨으로써 수행되는 행위만이 진정한 윤리적 행위라고 말하는 것이다. 즉 '정의는 타자로부터 시작되는 것(commence par autri)'[303]이며 무한 윤리의 시작은 존재와 다르게, 혹은 본질 저편으로의 머나먼 여정을 시작할 때 가능한 것이다.

이처럼 레비나스는 서양존재론의 전체주의적 성격을 비판하고, 자신의 사상을 '나'라는 동일자로 결코 흡수되지 않는 '타자'로부터 시작하여 그 타자에 대해 내가 가지는 윤리적인 책임성이 나의 초월을 가능하게 하는 근본임을 드러내고 있다.

> "외부에 엄연히 존재하는 타인의 존재사실로부터 새로운 철학의 방향을 제시한다. 그것은 나, 자아로부터 사유를 시작하는 사유틀의 근본적 전환을 요구한다. 자아와 타자의 관계는 서로의 차이와 독립성이 보존되는 분리인 동시에 서로가 평화롭게 관계를 맺어야 한다. 이는 철학의 주제가 자아론, 존재론의 철학으로부터 인간간의 사회적·윤리적 관계를 중심으로 하는 윤리학으로 전환되어야 한다는 강한 주장을 함축한다."[304]

그러한 전환에로의 여정이랄까? 아무튼 레비나스가 도스토예프스키의 말을 인용하여 윤리적 각도에서 주체성을 서술하여 책임성을 주체성의 바탕을 이루는 제일 구조로 본 것은 우리들에게 무한 책임이라는 무조건적 응답으로 동참함을 요청하는 것이다. 즉 존재에 나타나는 신과 타자의 흔적 때문에 "우리 모두는 모든 것에 대해 책임

---

303) Emmanuel Levinas, 『존재에서 존재자로』, p.161 각주 29 참조.
304) 김연숙, Op. cit., p.8.

이 있다. 앞에 있는 모두에 대해 우리 모두가 책임이 있다. 그리고 내 책임은 다른 사람들보다 더 크다"305)는 것이다.

---

305) Emmanuel Levinas, 『윤리와 무한』, p.131에서 재인용.

3. 데리다의 흔적의 사유

　레비나스의 사유를 따르는 데리다의 출발점은 하이데거가 멈추었던 사유의 끝에서 시작된다. 그는 하이데거의 문제의식이 인간 중심주의에 기초한 것으로 보고, 차연이라는 개념을 제시한다. 로고스를 모음(Versammlung)으로 해석한 하이데거와 달리 데리다의 차연은 말도 아니고 개념도 아니지만 다양한 방향을 모두 한 묶음으로 다시 모으는 것이다.

> "잠정적으로 칭한 차연이라는 용어 혹은 개념을 사용하는 과정에서, 차연이 내포하는 다양한 방향을 모두 한 묶음으로 다시 모아, 잠시 후 보게 되겠지만, 차연이란 진정 말도 아니고 개념도 아니지만, 이것을 신문자주의 즉 문자학(그라마톨로지)의 뜻으로 본인 혼자서만의 의미를 부여하려 하기 때문이다. … 묶음이라는 이 말은 차연이 그러하듯 여러 방향이 집합되어 서로 얽히고설켜 있는 구조, 즉 다른 주제, 다른 의미, 그리고 다른 방향으로 함께 섞여 짜인 구조로, 항상 타자와 연결될 수 있어, 또 다른 방향으로 진행될 수 있는 복잡한 구조를 매우 적절하게 시사하기 때문이다."306)

　이러한 데리다의 차연의 개념으로부터 포스트모던 시대 타자성의 모습이 드러나기 시작한다. 왜냐하면 차연은 흔적으로 풀어낼 수 있기 때문이다. 그리고 흔적은 자기 안의 타자성을 차연을 통해 재확인하며 탈구조주의나 해체주의가 거부한 절대적인 진리, 중심과 근원의

---

306) Jacques Derrida, *différance*, 김보현 편역, 「차연」, 『해체』(서울: 문예출판사, 1996), p.119.

독선과 횡포에 맞선다. 곧 이 횡포의 근거에 깔린 이분법적인 사고, 그것과 동시에 이분법적 대립항 사이에 존재하는 서열제도를 가로지르기 때문이다.

> "진리, 근원, 중심의 현존을 주장하기 위해 서구 형이상학이 선택한 말 중심주의는 곧 말/글이라는 이분법적 대립항을 만들었으며, 이 세상의 모든 현상을 하늘/땅, 자연/문화, 선/악, 정상/광기, 철학/문학, 저자/독자, 서양/동양 등으로 대(/)세우기 작업을 하였던 것이다. 그리고 남성/여성이라는 이항 대립을 만들었다. 여기서 대의 앞쪽에 있는 것은 일차적이고 완전히 현존하는 것인 반면, 대의 뒤쪽에 있는 것은 이차적이고 앞의 것의 오염된 형태로 이해되어 이분법적 사고에는 '폭력적인 서열관계'가 존재하였다."[307]

1) 뾰족한 돌출부인 에쁘롱

서양 형이상학의 폭력적인 서열관계의 이분법, 전자가 후자를 억압해온 역사를 해체하기 위히어 데리다가 선택한 것이 바로 에쁘롱(eperons)이다. 에쁘롱은 데리다의 파르마콘, 이멘, 땡빵, 데끄랑슈망, 까르뚜슈처럼 반개념적 산종으로 의미의 소용돌이 그 자체이다. 사전적인 의미로는 승마 시 말에 가하는 '박차', 지리상으로는 해안이나 언덕의 '돌출부'이기도 하고, 배에서는 이물 끝의 물결을 헤치는 부분이며, 다리 기둥의 뾰족하게 날이 선 부분 등이다.[308]

데리다에 따르면 니체의 『즐거운 지식』에서의 여성관에 의거 서구의 형이상학의 진리라고 믿었던 것에 '타격'을 가하고 도리어 반진리

---

307) Jacques Derrida, *EPERONS, LES STYLES DE NIETZCHE*(Paris: flammarion, 1978) 김다은·황순희 역, 『에쁘롱, 니체의 문체들』(서울: 동문선, 1998), pp.142-143.

308) Ibid., p.142.

를 믿지 않는 것은 바로 남성들이 믿는 진리가 여성에게 진리로 여겨지지 않고 도리어 우습게 여겨지기 때문에 여성의 에쁘롱(뾰족한 돌출부)은 진리라는 배를 파산시키면서 남성 우위, 말 우위, 이성 우위에 도전하고 있는 것이다.

즉 어떤 근원도 중심도 추구하지 않는 에쁘롱, 말 중심주의, 소리 중심주의, 남성 중심주의, 부계 중심주의, 이 모든 중심주의적인 사고에 충격을 가하고 중심을 찢는 에쁘롱, 여성으로서의 에쁘롱인 것이다. 어떻게 보면 수면 아래의 빙산과 같은 흔적이 에쁘롱을 통해 돌출하여 위계를 깨뜨리는 것이다.

2) 다른 곶, 혹은 곶의 다른 쪽

에프롱과 비슷한 데리다의 해체 개념인 '다른 곶'도 흔적과 유비하여 보면 의미 있는 개념이 된다. '곶(cap)'은 데리다의 책 안에서 동일성을 상실한 채로 끝없이 유동적이고 유보된 상태로 있다. 흔적으로 남아 있는 것이다. 물론 이 말은 하나의 수뇌이고 첫머리이며 두서이기도 하지만, '남자 우두머리'를 뜻하는 말이기도 하다. 좀 더 확장하자면 지리학적으로는 돌출되어 있는 연안이나 곶을 의미하며 상징적으로는 남자에게 있어서 가장 중요한 '돌출된 성기'를 지칭하는 것이다.[309]

> "<다른 곶>이라는 표현은 또 다른 한 방향의 고지(告知)나 목적지
> 변경을 암시할 수 있다. 방향을 바꾼다는 것은 목적지를 바꾸는 것,

---

309) Jacques Derrida, *L'AUTRE CAP*(Paris: Les Edition de Minuit, 1991) 김다은·이혜지 역, 『다른 곶』(서울: 동문선, 1997), p.109. 그러나 이 책에서의 의미는 '유럽'을 뜻하며 이런 의미에서 다른 곶은 '다른 유럽'을 말하는 것이다. 데리다는 오늘날 유럽을, 즉 자기 자신의 반복으로서의 자동적 동일화에서 벗어난 어떤 유럽을 인식하게 되었고 새로운 유럽을 찾아 나서고 있는 것이다.

다른 기수를 정하는 것, 혹은 선장을 바꾸는 것을- 심지어 나이나 성별까지도- 의미할 수 있다. 게다가 방향을 바꾼다는 것은 또 다른 곳이 있음을 상기시킨다. 왜냐하면 그 곳은 우리 것일 뿐 아니라 타자의 것이기도 하고, 우리가 동일시하고 계산하고 결정하는 것일 뿐만이 아니라 우리가 그것에 대해 답해야 하며, 상기(nous rappeler) 해야 하는 타자의 곳(cap de l'autre)이기도 하기 때문이다. 따라서 타자의 곳은 아마 자신과 타자의 동일성 혹은 동일화, 파괴적인 자기 중심주의가 아닌 동일화의 첫 번째 조건이 된 것이다."310)

여기서 중요한 것은 타자와의 어떤 동일성의 관계에까지 도달해야 하는 것인데, 데리다는 계속해서 다음과 같이 말한다.

"이때 우리의 곳(notre cap)을 넘어서서 또 다른 곳과 특히 타자의 곳에 도달하는 것에 그칠 것이 아니라 곳의 다른 쪽(l'autre du cap), 다시 말해서 더 이상 곳의 형식·기호, 혹은 논리를 따르지 않는, 심지어 반대편 곳(anti-cap), 혹은 탈곳화(décapitation)의 형식·기호, 혹은 논리에도 따르지 않는 타사와의 어떤 동일성 관계에까지도 도달해야 한다."311)

이러한 다양하고 가변적인 데리다의 해체사상은 하나의 중심을 지향하는 모든 일원주의가 초래하는 이분법적 사고 유형에서 벗어나기 위하여 사유의 관점과 방향을 끊임없이 바꾸며 사유와 전망의 절대화를 막는다. 흔적의 흔적으로 가로지르는 것이다. 따라서 니체와 하이데거를 따라 '형이상학의 극복'을 시도하는 데리다는 그 시도를 문자 일반을 뜻하는 '에크리튀르(Ecriture)에서 시작한다. 즉 음성과 기의로부터 완전히 해방된 문자인 에크리튀르는 음성처럼 주인이 없이도 살 수 있으며, 익명적으로 자신의 흔적을 남길 수 있다.312)

---

310) Ibid., pp.17-18.

311) Ibid., p.18.

3) 에크리튀르의 실재, 시네퐁주

그러나 데리다의 에크리튀르는 또 다른 선험적 가정 혹은 신비주의의 의혹을 완전히 떨쳐내기 위해서는 에크리튀르를 실제로 사용하는 모범이나 실례를 보여야 할 것이다. 이러한 모범은 데리다가 가장 데리다답게 그리고 가장 퐁주답게 퐁주의 글쓰기를 통하여 해체의 대상과 해체의 작용 방법들을 읽히도록 만든 저작 『시네퐁주』에서 찾아볼 수 있다. 허정아는 다음과 같이 데리다를 평가하고 있는데, 이는 에크리튀르를 잘 사용한 모습을 보여준다.

> "데리다의 글은 모든 것을 체계화, 층위화시키는 틀을 만드는 대신 오히려 그 틀이 형성되려 하는 곳마다 틀 부수는 장치를 보여주는데, 그것이 그의 글 읽기를 더욱 어렵게 만드는 요인인 것 같기도 하였다. 그리고 그 틀 부수기에는 자아를 고집하는 대신 타자에 대한 수용이 작용하고 있음을 알 수 있었다."[313]

이러한 데리다 글쓰기의 독특함이 나타난 『시네퐁주』는 서구의 자기중심주의와 배타적 보편성을 해체하는 데만 치중한 포스트모더니즘의 한계를 넘어 흔적을 통한 '열린 보편성'을 추구하는 우리의 사유에 의미를 던져준다.

<Signéponge>는 원래 프랑시스 퐁주가 자신의 텍스트에 서명한 <Signé-Ponge>를 데리다가 합성한 기호이다. 데리다는 『시네퐁주』 전체를 통하여 <Signé-Ponge>라는 기호가 가진 해면질적인 구조를

---

312) 남경태, '자크 데리다', 『한눈에 읽는 현대철학』(서울: 광개토, 2001), p.316.

313) Jacques Derrida, Signéponge(Paris: Editions du Seuil, 1988) 자크 데리다, 허정아 역, 『시네퐁주』(서울: 민음사, 1998), p.214. 마이클 왈처의 '공동체주의'도 '차이에 대한 관용'과 '다원적 평등주의'를 말하며 '타자 수용'을 이야기하고 있다.

언어 수행적 해체의 예시로 보여주고 있다. 허정아의 해제를 인용하
여 보자.

> "가장 데리다다운 발상으로 Signéponge 읽기의 전환점을 가져오고
> 있는 것은 이 기호에 사이를 벌려 '하이픈'을 넣은 것이라 할 수 있
> 다. 즉 <Signé-Ponge>를 <Signe-é-ponge>를 읽으며, é의 기표를 다
> 른 기표들과 작용시키는 것이다. 우선 <é>를 <est>로 읽으면
> <기호는 풍주 '이다'>가 되고, 접속사 <et>로 읽으면 <기호와 풍
> 주>로, 그리고 <hait>로 읽으면 <기호는 풍주를 증오한다>로 되
> 며, <é>를 그냥 풍주에 연결시키면 <éponge>로 되어 명사일 경우
> 는 <기호 에풍주>, 동사일 경우는 <기호는 닦는다>가 된다."[314]

그렇다면, 역자인 허정아도 묻고 있는 <Signéponge>라는 기호에
균열을 일으켜 <é>의 기표들을 작용시킴으로써 우리가 읽어내도록
하는 것은 무엇인가? 한 번 더 인용하여 보자.

> "우선 고유명사와 보통명사를 나란히 연결시킴으로써 고유명사가
> 보통명사에 접촉되고 오염되어(접속사의 역할) 흡수되고 지워진다
> (해면의 역할)는 것이다. 또 한편 이것은 Ponge라는 고유명사 앞에
> é를 보충적으로 가지고 있는 éponge(해면)의 이중적 교류 작용을 보
> 여준다. 즉 해면은 고유명사를 흡수하여 지워버리는 동시에 이름을
> 흡수하여 자신 속에 수용하여 지키며, 깨끗함과 더러움(혹은 <비-
> 깨끗함>), 가능성과 불가능성 등의 상반되는 각 항들 사이에서
> <결정불능인 indécidable> 채로 <우유부단하며 indecise> 애매모호
> 한 오브제의 상징이 된다."[315]

즉 결정내릴 수 없는 우유부단함으로 상반되는 것 사이를 오가는
해면은 사물과 말 그 어느 쪽도 아닌 풍주 글쓰기[316]의 중간적 오브

---

314) Ibid., p.192.
315) Ibid., p.193.

제로서, 데리다가 각 대립 항들의 이중성을 드러내고 그 사이의 이중 작용을 가리키기 위하여 이름하는 '이멘', '하이픈', '파르마콘', 또는 '에쁘롱' 등의 용어와 등가적 가치를 지닌 것이다. 곧 흔적의 다른 표현들인 것이다.

4) 알렙(א) 'A'의 흔적으로서 전칭부정 'E'

이상과 같은 데리다의 예쁘롱, 다른 곳, 시네퐁주의 에크리튀르 전략은 차연의 다른 이름이며 흔적의 다른 표현들이다. 키멜레에 의하면 이러한 '차연의 철학'에서 문제가 되는 것은 결국 철자 하나, 'A'라는 철자 하나의 문제라고 볼 수 있다.[317] 'A'는 데리다의 텍스트에서 차이(différence)를 쓸 때 도입되고 있는데, 이 무성의 'A'는 히브리어 문자 알렙(Aleph, א)의 의미를 지니고 있다. 그리고 이 알렙은 이스라엘 민족에 주어진 전체 계시가 들어있다. 즉 알렙은 흔한 의미의 철자가 아니라 어떤 단어나 모음의 처음에 발음되는 후두음으로서 계시의 알파라는 것이다.[318]

---

316) 뷔토르에 의하면 한 작품의 허구적 요소들이 단 하나의 '이야기'로, 즉 현실세계와 평행하는 단 하나의 세계로 통일됨으로써, 이 현실 세계를 보완하고 밝힐 경우에만 그것은 예술작품이다. 사람들은 작품과 자기 자신을 보는 방식을 조금씩 바꿀 것이며, 따라서 사물들은 새로운 일시적 균형을 취할 것이고, 그 균형을 토대로 하여 새로운 모험은 시작될 것이다. 이러한 새로운 모험을 통한 글쓰기의 예를 보여준 작가가 바로 '프랑시스 퐁주'이다. 그는 1942년 사물이 그의 글쓰기의 대상임을 공언한 『사물의 편』에서 전 생애를 통하여 주변의 일상적인 사물들을 작품의 대상으로 삼았다. 퐁주는 언제나 있는 그대로의, 다른 것으로서의 대상 그 자체로 돌아와야 하며, 자신의 작업은 있는 그대로의 대상을 위해 표현의 끊임없는 수정작업이어야 한다고 보았다. 그는 대상의 가장 큰 권리, 즉 모든 시에 대항할 수 있는 절대 불가침의 권리를 인정해 줄 것을 요구하였다. 작가에겐 언제나 대상이 훨씬 더 중요하고 흥미로우며, 더 많은 능력(권리)을 가지고 있다. 퐁주는 사물들을 조정하려 하지 않았으며, 사물과 시는 양립될 수 없다고 보았다. 차라리 사물들을 언어에 도전하게 하였다. 그는 인간정신이 향유할 능력은 있지만, 일상습관으로 인하여 소유할 수 없는 그러한 특성들을 발견하고자 하였다.(http://www.iartyou.com/discourse/2001sp/lee_03.htm 참조.)

317) 하인즈 키멜레, 박상선 역, 『데리다』(서울: 서광사, 1996), p.86.

318) 하버마스가 'A'의 사용을 통해 데리다가 유태적 신비론에 가깝다고 말하는 것, 즉 "불완전하고 다의적인 이 기호의 무규정성 속에 충만된 언약이 농축되어 있다"(J. Habermas, *Der philosophishe Diskurs der*

그리고 사실 데리다 자신도 이 문자를 통해 '그래픽적인 수술'을 행하고 있다. 그의 표현에 따르면 여기서 문제가 되는 것은 '침묵하는 비석', 대문자로 인쇄되어 피라미드 형태를 지닌 'A'라는 것이다.[319] 키멜레의 설명을 들어보자.

> "이것은 의식 이전적인 의미 보존(Aufb [ew] ahrung der Bedeutung)을 이집트 피라미드와 비교한 헤겔을 상기시킨다. 헤겔은 의식에 언어가 형성되는 사건을 은유적으로 표현하여 그림들과 표상들이 보존되어 있는 '캄캄한 갱도', 혹은 기호로서의 직관이 거의 생명을 잃어버린 채 개별적 시공 차원을 훨씬 넘어서 있는 하나의 존재만 보존되어 있는 '피라미드'로 나타내고 있다."[320]

데리다는 철자 'A'의 묵음 상태를 '죽음의 경제'에 종속시키고 그래픽적인 흔적 그 자체는 생명도 의미도 없고, 서로 다른 해석에 의해 여러 가지 의미를 얻게 된다고 말한다. 즉 그 속에서 그것은 그때그때 생명화되는 것이다. 그리고 차연은 엄격하게 말하자면 단어도 개념도 아니며 단지 잠정적인 그래픽 흔적이다. 따라서 충만되지 않고 단순하지 않기에, 구성되며 변화하는 원천으로 기능하는 것이다. 즉 다른 것이 될 수 있는 원천으로 작동하는 것이다. 그러므로 이 말에 원천이라는 이름을 붙일 수 없는 것이다.[321] 다만 흔적이라고 할 수 밖에…

Moderne(Frankfurt a.M., 1985), S.216.) 는 말은 타당하다.

319) 테일러가 자신의 『타자본위』(*Altarity*)를 출판할 때 책 제목의 가운데 A자를 피라미드로 설정한 것은 이러한 데리다를 수용한 맥락이다. 물론 악곡의 박절(拍節)을 측정하거나, 템포를 지시하는 삼각형태의 기계인 메트로놈(metronome)을 표지에 설정한 것도 같은 맥락이다. 그러나 여기 이 메트로놈의 시침에 인간의 눈을 설정한 표지 그림은 신과 자아 역사와 책을 잇는 삼각형을 뜻하며 이것이 바로 시각중심주의로 한계되어져 있음을 말한다.

320) 하인즈 키멜레, Op. cit., p.88.

321) Ibid., p.89 참조.

그렇다면 데리다를 따른다는 것은 'A'를 전칭부정명제[322]인 'E'로 전환하는 것이 아닌가? 흔적은 알렙 'A'가 전칭부정명제 'E'로 전환되어야만, 곧 A를 해체하고 E에서 A의 흔적이 드러날 때 해체주의가 완성되는 것이다. 실재계는 아버지의 이름인 이러한 알파벳 A의 상징계가 무너지고 흔적 E가 전칭부정으로 드러나는 사막이기 때문이다.

---

322) 명제의 구성요소는 '주개념', '술어개념', '양화사', '계사'로 이루어진다. '모든 사람은 사회적 동물이다'라는 문장으로 예를 들어 보면 모든=양화사, 사람=주개념, 사회적동물=술어개념, 이다=계사이다. 양화사에는 전체를 지칭하는가, 부분을 지칭하는가에 따라 '모든'과 '어떤'의 두 가지가 있으며 계사는 긍정, 부정에 따라 '이다' 와 '아니다'가 있다. 따라서 정언 명제는 이 양화사와 계사의 종류에 따라 네 가지로 나누어진다. 1. 전칭긍정명제(A): 모든 ~ 이다. 2. 전칭부정명제(E): 모든 ~ 아니다. 3. 특칭긍정명제(I): 어떤 ~ 이다. 4. 특칭부정명제(O): 어떤 ~ 아니다. 여기서 알파벳 E는 전칭부정을 나타낸다. 작위적이지만, A, E, I, O는 라틴어 affirmo '나는 긍정한다'와 nego '나는 부정한다'에서 따온 약칭이다. 〔최명관, 『論理學槪論』(서울: 숭전대학교출판부, 1985), 30−31 참조.〕

4. 흔적의 윤리성

1) 무와 흔적

불교에서는 부처의 인격적인 면을 보신(報身)이라 하고 비인격적인 면을 법신(法身)[323]이라고 한다. 도가의 도(道), 주자의 리(理)나 기(氣), 에크하르트의 신성(神性) 같은 개념이 법신에 유비될 수 있을 것이다. 보신이 부처님의 몸이라면 법신은 그 몸마저 여의고 없는 것이다. 보신이 유일신을 예배하고 객관화시킨다면 법신은 그런 유일신을 초월한다. 즉 법신에서 보신(기독교적 유일신)이 나타난다.

모세가 시내산(산은 유일신과 같은 초월자가 머무는 곳)에서 내려왔을 때 그는 전형적으로 보신적 신의 계시를 가지고 내려왔다. 그가 타는 가시덤불에서 만났던 신은 창조주인 아버지 하나님, 즉 인격적 신이며 유일신인 것이다. 모세가 산에서 내려왔을 때 평균적 인간들이 예배하던 신은 자연신, 다신, 성적인 감정의 신, 마술적인 '태모'였다. 바로 무(巫)적인 응신(應身)적인 종교였다. 그러나 모세는 금송아지로 상징되는 태모를 부셔버리고 야훼신의 승리를 선포한다. 무적

---

323) 원효의 일심(一心)이 법신 또는 여래장(如來藏)사상─ 중생은 그 태(胎)에 여래를 간직하고 있다는 사상─과 동의어이다. 원효는 일심을 궁극적 실재로 파악하고 있다. 따라서 비록 모든 삼라만상이 비록 상이한 相과 用을 가지고 있지만 본질에 있어서는 하나이며 그 하나의 의미를 깨닫고 그 하나의 원류를 회복하는 일이야말로 원효 불교의 궁극인 것이다. 즉 원효의 體─相─用, 풍류도의 한─삶─멋, 성부─성자─성령의 삼위일체가 법신─보신─응신에 유비될 수 있을 것이다. (이에 대해서는 김경재, 『해석학과 종교신학』 (천안: 한국신학연구소, 1994), pp.141-142 참조)

종교의 종말을 선언한 것이다.

그러나 예수에게 와서는 '나와 아버지는 하나'[324]라는 선언은 절대 타자로서 보신인 야훼를 믿어오던 모세의 추종자들의 비위를 상하게 했던 것이다. 보신(神)에서 법신(神性)으로 옮김은 종교발전의 순리이다. 그러나 이러한 옮김은 쉽게 이루어지지 않는다. 최수운은 '사람이 하늘이다(人乃天)'라고 하다가 순교를 당했고 예수가 같은 말을 했다가 유대인들에게 잡혀 십자가에 처형당하고 말았다.

예수의 모세 종교에 대한 비판은 그것이 틀렸기 때문이 아니고 부분적이었기 때문이다. 저쪽 타자로 존재하는 유일신 야훼와 예수는 '하나'라고 했기 때문에 '네가 사람이 되어 자칭 하나님이다'[325] 하니 참람하다고 돌을 들어 치게 된 것이다. 주/객의 이원론으로 남아 있는 모세의 신에서 주/객이 하나로 없어지는 새 신관을 예수는 선포했던 것이다.

이러한 신과 신성을 서양신학이 구별하지 못한 이유는 두 가지이다. 그 첫째는 '신을 넘어선 신(God beyond God)'을 말하는 것이 두려웠기 때문이고,[326] 둘째로 교황청과 교부들이 신과 신성을 함께 말해야 완벽한 신관이 될 수 있다는 것을 알았음에도 불구하고 창조주 한 분 하나님과 자기들의 교권을 일치화시켜 놓았기 때문에 '하나님을 넘어선 하나님'을 말한다는 것은 자기들의 교권의 권위를 흔드는 것

---

324) 오해가 없기 위해 에크하르트의 용어를 빌어 설명하면, "존재는 하나님이다. 우리들의 삶이 존재인 한 그 것은 하나님 안에 있다. 하나님 안의 가장 보잘 것 없는 것, 예컨대 하나님 안에서 발견된 꽃은 우주보다도 더 완전할 것이다. 존재로서 하나님 안에 현재하는 가장 천한 것도 천사의 지식보다 더 훌륭하다." (스즈키 다이세쓰, 강영계 역, 『에크하르트와 禪』(서울: 主流一念, 1982), pp.20-21).

325) 요한복음 10장 33절.

326) 왜냐하면 보신적 신관에 숙달된 사람에게 법신적 신관을 말한다는 것은 배척을 받을 것이 당연하기 때문이다.

으로 판단, 신성을 말하는 사람을 이단으로 처형했던 것이다.327)

서양 기독교는 한번도 이 경계를 뛰어넘으려 하지 않았다. 그 결과 즉 창조주와 피조물, 신과 인간, 자연과 인간을 '하나'로 보지 않았기 때문에, 보신적 종교가 빚어낸 결과는(神이 無를 외면한 결과는) 바로 예수의 십자가상의 죽음인 것이다. 그리고 서구문명은 인간과 자연의 균열에 의해 공해문제, 인간의 정신과 육체의 균열에 의한 정신질환과 같은 인류멸종과 인격파멸의 위기에까지 오게 된 것이다.328)

아마도 금세기에 들어와 보신적 신관을 극복하고 법신적 신관수립에 최대한 공헌을 한 학파는 일본의 교토학파(Kyoto School)329)일 것이다. 니시다는 교토학파의 창시자로 기독교의 인격신과 불교의 절대무(絕對無)를 대화시키려고 시도했는데, 세계와 분리된 인격신은 참다운 신이 아니라고 보았다. 그는 화이트헤드(A. N. Whitehead)와 비슷하게 '하나님이 세상을 짓는다면 세상도 하나님을 짓는다'라고 한다. 하나님과 세상 사이에는 일촌의 틈도 없다. 그래서 니시다는 하나님

---

327) 클레멘트는 이스라엘의 하나님은 하늘과 땅의 주권자로 지배하시는 주인이시오, 심판자이다. 땅 위의 누가 하나님의 이 권한을 위임받았는가? 바로 교황과 사제와 부제들이라고 말한 바 있다.

328) 그러나 현재 세계 종교학자들과 신학자들이 기독교의 '인격신'과 불교의 무(無)의 대화를 시도하는 것은 다행스러운 일이다. 이는 흔적의 의미를 재발견하는 것과 같은데, 사실 인격신과 무는 서구 기독교사에서 영지주의자와 신비주의자들을 제외하고는 물과 기름같이 조화를 이루지 못했다. 기독교가 대화를 통해 보신적 종교에서 법신적 종교에로 도약하려는 것은 중대한 발돋움이라 할 수 있다. 이는 흔적에 대한 깊이 있는 사유를 통해서 가능한데, 양쪽 종교가 잘못된 것이 아니라 진리를 반편밖에 이해하지 못했던 것이다. 한 가지 아쉬운 점이 있다면 너무 형이상학적 대화에만 오랜 세월을 보낸 것이다. 이제부터는 두 세계종교 특히 불교의 앞날을 위해서도 민중의 시각이라는 낮은 단계에서부터의 대화를 시도하며 그 새로운 대화를 상호변혁의 누룩으로 사용하여야 할 것이다. 엘리트 종교로서의 기독교와 불교의 대화만이 아니라 민중종교로서의 두 세계종교의 열려진 대화가 앞으로 새로운 과제가 될 것이다. 왜냐하면 아세아의 종교신학은 결코 아세아의 해방신학과 무관할 수 없기 때문이다. 〔변선환, 「야기 세이이찌의 聖書解釋學과 禪佛敎Ⅱ」, 『신학과 세계』 제15호(서울: 감신대출판부, 1987), pp.455-456.〕

329) 100년 이상의 역사를 지닌 교토학파는 불교적 기독교, 곧 空의 신학적 해석을 통하여 유신론 이후 시대에 새로운 하나님 사유 가능성을 제시하는데 이는 서구 기독교 신학자들에게 신선한 충격을 안겨 주었다. 니시다 기타로(西田幾多郎, 1870~1945), 하지메 다나베(田邊元, 1885~1962), 히사마치 신이치(久松眞一, 1889~1980), 니시다니 게이이치(西谷啓治, 1900~1990), 아베 마사오(阿部正雄, 1917~2006) 등이 있다.

이 세상을 무에서 창조해 놓은 다음 세상을 떠나 초월해 있다는 전통적 기독교 신관을 비판하고 있다. 그에게 있어서는 '나'도 없고 '하나님'도 없는 절대무(絶對無)만 존재한다.[330]

'아버지와 나는 하나이다.' 절대무는 모든 것이 혼동되는 것이 아니고 '절대무가 있기에 산은 산이고 물은 물이며 존재자는 존재자이다.' 절대무는 전분별(前分別)의 상태가 아니고 초분별(超分別)의 상태[331]이다. 절대무 속에서 아버지는 아버지가 되고 나는 내가 된다. 또한 교토학파에서는 오직 공(空)의 장(場), 즉 만물과의 일상적 만남을 넘어선 곳, 그러면서도 신이나 이데아가 아닌 그 자신의 '리얼리티'와 만남이 이루어지는 곳에서만이 만물은 궁극적으로 진실한 모습을 갖는다. 따라서 장 개념은 무 또는 공(동양에서 존재의 기초라고 생각하는)의 개념과 분리될 수 없다. 이렇게 신비주의로 충만한 무의 사상을 장소라는 관념을 통해 개념적이고 논리적으로 정립하는데 성공한 것이 바로 니시다의 업적이다.[332]

---

330) 상대적인 모든 개체는 철저하게 자기죽음을 통해서만 하나님과 전체 속에서 유기적인 하나가 된다.

331) 니시다의 장소적 논리가 여기에 유비될 것이다.

332) 니시타니 게이이치, 정병조 역, 『종교란 무엇인가』(서울: 대원정사, 1993), p.410 참조. 또한 카프라도 현대 물리학과 동양사상의 신비주의를 비교하면서 현대 물리학의 장이론과 동양 신비주의 허(虛), 공이론과의 유사성을 지적한다. 틸리히도 하나님을 '존재 자체', '존재의 힘', '존재의 지반'으로 설명했는데 이것은 현대물리학의 통일장과 유비될 수 있을 것이다. 그러나 니시다의 장소의 논리를 신학적으로 가장 잘 이해한 이는 야기 세이이찌이다. 신에 대한 야기의 언설은 삼위일체론적인 구조를 띤다. 신에 대해 야기가 애용하는 상징은 장(場, Place, Field, Topos, 장소—'절대무와 동일시되는 것으로 전적으로 대상화될 수 없는 모든 것을 포괄하는 궁극적 실재, 즉 유와 무의 이원성을 완전히 초월한 절대무의 장소이다. 또한 장소 안에서 각 개체 존재들이 통합에의 능력을 받게 되고 거기서 통합이 이루어지는 공간 내지 마당과 같은 것으로 신은 바로 이 마당과 같은 존재이다)이다. 야기에 의하면 삼위일체의 신은 유(Being), 무(Nothing), 생성(Becoming)과 상관하여 설명된다. "장 자체인 신은 有이고 장 속에 있는 것을 통합에로 규정하는 로고스—그리스도는 無이며, 통합에로의 규정의 성취인 성령은 생성이다"고 한다. 달리 표현하여 성부는 "통합의 궁극적 주체", 성자는 "통합의 규정", 성령은 "통합 행위의 전달"인 것이다. 변선환은 야기의 신학에서 '통합'이라는 개념을 '장소'라는 개념으로 대치할 수 있는 것처럼 이야기하고 있지만 사실상 단순히 동일시될 수 없다. 야기의 통합이란 개체들 사이의 상호 관계, 또는 그러한 상호관계를 통해서 이루어진 공동체 내지 시스템— 김지하가 말하는 '화엄 통신망과 유비'가 가능할 것이다— 을 말한다. 야기는 통합이 연기(緣起)와 다르지 않다고 본다. 연기는 선과 악 같은 대립적 가치들에 대하여 중립적이다. 존재 따로 연기 따로 있는 것이 아니라 존재 즉(卽)연기요, 연기 즉 존재이다.

테일러는 니시다의 제자인 니시타니 게이이치가 언급한 불교의 중관 사상(the middle way)을 'neither/nor'라는 개념을 풀어낸다.[333] 그리고 아래는 『무(Nots)』의 표지에 나오는 중관사상에 테일러 나름대로의 이미지적인 풀이라고 할 수 있다.[334] 그리고 이러한 교토학파에 관심을 가진 테일러가 블랑쇼에 관심을 가지는 것은 당연하다.

<pre>
                    o
                    o
                    o
            n0 n0t
                n0t no
            n0 n0t no
                    o
                    o
            (k)n0(w) n0t
                    n0t(k)n0(w)
            (k)n0(w) n0t(k)n0(w)
                    o
                    o
                    o
</pre>

2) 흔적, 텅 비고 꽉 잔 장소…

블랑쇼는 『무한한 대화(L'Entretien infini)』[335]에서 글쓰기를 일종의 '질문하기(questionner)'로 보면서 두 가지 질문을 구별한다. 주체가 삶에서 죽음을 끌어안음으로 모든 것을 전체성의 체계 안에서 고정적인 개념으로 설명하고자 하는 헤겔의 변증법과 관계된 질문과 다른 하나는 문학 작업을 주체가 모든 것을 설명하고 개념화시키는 것이 아닌 주체의 망각과 기다림을 통해 변증법이 극복하지 못한 간극의

---

333) NT., 3, 5, 58, 61-70 참조.

334) NT., 29-30.

335) M. Blanchot, *L'Entretien infini*(Paris: Gallimard, 1969).

잠재적인 것을 이해하는 것으로 보는 것이다. 물론 블랑쇼는 후자의 입장인데, 테일러는 『타자본위(*Altarity*)』에서 블랑쇼를 무(Nots)라는 장으로 다루고 있다.

이러한 블랑쇼의 책읽기는 독특하다. 가령 언어의 투명성으로 시작된 그의 책읽기는 점차 '표현 불가능한 것'인 극단의 모호성으로 접근해간다. 그리고 그는 이것을 다른 것으로 대치시키지 않고 있는 그대로를 인정한다. 그렇게 함으로써 우리의 이성적 사고가 불가능한 곳, 푸코의 말처럼 '중성적 공간(l'espace neutre)'으로 이끌고 간다. 이 공간은 사유하고 말하는 존재 자체를 지워버림으로써 그 텅 빈 자리를 나타나게 할 뿐이다. 즉 발화 주체가 사라지는 그러한 바깥으로 독자를 이끌고 간다.[336]

주어가 배제된 언어를 향한 돌파구, 테일러의 흔적의 사유는 여기서 시작된다. 이것은 블랑쇼가 개성을 지워버리는 독특한 형식으로 인식주체를 와해하는 것과 같은 맥락이다. 인식주체의 흔적은 개성 없는 흔적의 파편이다. 따라서 저자는 읽힘으로써 와해되고 독자는 읽는 과정 속에서 다시는 자신으로 돌아가지 못하므로 와해된다. 따라서 작품은 꿰뚫어 볼 수 없으므로 그 자체로 남고, 저자와 독자만이 해체되는 것이다. 흔적을 통하여 저자와 독자는 해체 이후의 관계적 사유로 전환하는 것이다. 테일러도 언급한바, "문학은 예술이 일하지 않을 때 예술의 일을 하는 것이다. 블랑쇼에 의하면 '문학의 이념은 무(nothing)를 말하는 것이다. 무를 말하기 위해 외치는 것'이다.

---

336) 데카르트적인 코기토의 사유를 교란시키는 '만약 내가 생각한다면, 나는 더 이상 존재하지 않는다(Si je pense, je ne suis plus)'는 블랑쇼의 죽음 앞에서의 사유를 푸코는 '바깥의 사유(la pensée du dehors)'라고 부른다. 윤종범, 「모리스 블랑쇼의 문학비평 연구」, 『어문학연구』(서울: 상명여자대학교, 1995), p.385, 390 참조.

문학은 이 이념을 오직 '존재와 비존재, 현재와 부재, 현실과 비현실의 사이를 미끄러지는 것(slipping and sliding)'"337)이며

> "아브라함의 후손인, 저자는 '세상에서 버림받은 자(Ishmaelite)'338)이다. 이미 추방되었으며 그의 예술적 방황은 중성(neuter)의 현재하는 부재를 새기고 있다. 죽음 안에 있는 이 재미있는 틈은 영원한 시간보다는 영원한 시간의 부재에 대한 중요한 표시이다. 작가의 망상은 붙잡을 수 없고 불가피한 그런 것이다. 글쓰기는 강박적으로 끊임없이 계속되는 것이다. 그러나 항상 차이를 가지고 계속되는 것이다."339)

무한한 무의 공간을 바깥(dehors), 혹은 중성적인 것(neutre)이라고 부르는데, 이렇듯 중성의 현재하는 부재를 잘 표현한 것이 블랑쇼의 글쓰기이다. 그의 언어는 형태를 이루기보다 형태를 파괴하고 있으며 전복 그 자체이다. 그것은 긍정과 부정의 중간 부분, 곧 '중성적인 것(le neutre)'의 영역을 끊임없이 탐험하는 정신적 여정이다. 윤종범의 표현을 빌리자면, "부재함으로써 언어 속에서 다시 손재하는 그의 모습은 변모 그 자체이다. 불가능의 것을 완전히 표현할 수 있는 '미래의 책(le livre à venir)'에 대한 이끌림 속에 자신을 내던지는 인물, 그가 블랑쇼이다. 그러나 이러한 거북함, 혼돈의 뒤에는 언제나 자유의 그림자가 길게 드리워져 있다."340)

그리고 이것은 『나를 동반하지 않았던 자(*Celui qui ne m'accompagnait*

---

337) AT., 246-247.

338) 이것은 성서의 이스마엘의 자손으로 유비할 수 있다. 이스마엘은 아브라함의 아들로 세상에서 버림받은 자, 혹은 사회의 적으로 유비된다. 테일러는 이스마엘의 후손들을 다음과 같이 표현한다. "북아라비아 사막 지역을 방황하는 유목민이며 그들은 거주할 장소가 없다"(AT., 221). 바로 이스마엘의 후손이 저자로서 예술을 하는 것이다.

339) AT., 253.

340) 윤종범, 「모리스 블랑쇼의 문학비평 연구」, p.409.

pas)』341)에서의 주체를 그 무한한 무의 깊이로 이끄는 자로서 동반하지 않는 자(Celui)이며 글을 쓰는 주체는 무의 깊이 속으로 무한한 방황(errance infini)에 내맡겨지는 것이다.

사실 블랑쇼에게 있어서 주체로서의 존재가 부재중인 상황에서 존재하는 것은 순수한 언어라고 말할 수 있다. 이는 언어만의 절대적 존재 공간을 상정했던 말라르메(S. Mallarme), 혹은 주체 자신이 글쓰기를 통해 새로운 언어로 재창조됨을 이야기한 니체와 동일한 맥락이다. 앨런 메길(Allen Megill)은 다음과 같이 말한다.

> "블랑쇼에 따르면 니체는 '단편의 발화'를, '단편적 글쓰기(écriture fragmentaire)'를 실천한다. 즉 텍스트 이외에는 아무 것도 말하지 않으며, 자체의 언어유희를 즐기고 '진지한 정신'을 뒤엎고, 일관된 철학적 메시지를 전달하는 체하는 텍스트 자체의 또 다른 측면, 즉 '철학적 담론'을 손상시키기까지 하는 글쓰기를 실천하게 된다."342)

사실 문학이란 주체가 사라진 그러한 '텅 빈 장소'에서 성립한다는 블랑쇼의 말은 흔적의 사유와 그리 멀지 않다. 이것은 레비나스처럼 타자와의 관계를 통해 일종의 윤리학을 세우고자 하지 않고, 광기와도 같은 무지(innocence)를 버리지 않는 중성의 글쓰기를 고수하는 것이다. 어쩌면 부정, 혹은 무의 '텅 빈 장소'는 니시다의 장소, 나아가 야기의 장의 개념으로 흔적이 꽉 찬 공간을 말하는 것이다. 동시에 흔적을 텅 빈 장소이다. 블랑쇼를 가로지르면…

---

341) M. Blanchot, *Celui qui ne m'accompagnait pas*(Paris: Gallimard, 1953).

342) 앨런 메길, 정일준·조형준 역, 『극단의 예언자들: 니체, 하이데거, 푸코, 데리다』(서울: 새물결, 1996), p.88.

3) 흔적, 밟혀서 밝혀주다

> 나는 나룻배
> 당신은 행인
> 당신은 흙발로 나를 짓밟습니다.
> 나는 당신을 안고 물을 건너갑니다.
> 나는 당신을 안으면 깊으나 얕으나 급한 여울이나 건너갑니다.
> 만일 당신이 아니 오시면 나는 바람을 쐬고 눈비를 맞으며 밤에서
> 낮까지
> 당신을 기다리고 있습니다.
> 당신은 물만 건너면 나를 돌아보지도 않고 가십니다 그려.
> 그러나 당신이 언제든지 오실 줄만은 알아요.
> 나는 당신을 기다리면서 날마다 날마다 낡아 갑니다.

- 나룻배와 행인(한용운)[343]

우리들은 누군가를 밟고서 이 세상을 살아간다. 밟음으로 존재하는 인간 존재의 특성, 그것은 인간을 근본적으로 죄인이라 고백하는 기독교의 주장처럼 인간 존재의 죄성에 기초한 사실을 인문학적 메타포로 표현한 것이라 할 수 있다. 인간이 죄인이라는 고백은 다시 말하면 인간은 스스로 살아가지 못하고 누군가를 밟고 디디고야 살아갈 수밖에 없다는 슬픈 현실에 대한 자각이다. 그 견지에서 고백 가능한 사유인 것이다.

주체 안의 타자의 흔적- 이것은 차후 신의 흔적으로까지 격상되나- 혹은 자기 소멸을 통한 존재의 흔적성을 깨달아 '무한성'에로의 추구와 존재론적 '책임성', 그리고 그것을 함께 하며 넘어서는 주체의 타자에 대한 '밟힘과 밝힘'으로 이어지는 관계론적 윤리학의 기본적인

---

343) 1926년 『님의 침묵』에 발표한 시.

사유는 바로 이러한 흔적의 사유에서 시작된다. 그렇다면 밟히는 타자는 누구이며, 밟는 이는 누구인가? 나룻배와 행인으로 유비되는 우리 존재의 흔적은 무엇인가?

테일러는 흔적의 개념을 '모든 자기에 대한 관념을 지우는 것'으로서의 결코 중심화되지 않는 것으로 보고 있다. 그러나 동시에 자아의 그 존재론적 심연에 담겨진 타자의 흔적도 존재하지 않는가? 이 둘은 서로 다르나, 같은 동시성의 흔적으로 오늘 우리들에게 윤리적 의미를 넘어, 종교적 사명으로 다가오는 것이다. 밟힘(밟히는 흔적)으로 '밝혀주는(무화의 흔적)' 흔적의 윤리는 여기서 빛을 발한다. 밟힘과 밝힘, 그것이 흔적 개념의 윤리적 메타포인 것이다.

일본의 가톨릭 작가 엔도 슈사쿠의 작품인 『침묵(沈黙)』은 정확히 밟힘과 밝힘의 메타포로 이루어진 소설이다. 이 작품은 17세기초 일본에 복음을 증거하러 갔던 세바스찬 로돌리꼬라는 예수회 선교사가 만났던 어머니 하나님에 대한 이야기다. 엔도 스스로도 말하고 있듯이, 일본인으로서의 작가의 감성과 기독교의 거리를 메우고자 한 시도인 『침묵』은 기독교를 "어머니의 종교"로 이해하고자 한 작품이었다.

로돌리꼬 신부는 일본의 신도들을 보살피다가 관헌들에게 체포되어 배교를 강요당한다. 당시에는 나무로 만든 예수상(踏繪, ふみえ)[344]

---

344) 후미에란 일본 에도시대 일본 막부가 기독교 신자들을 배교시키기 위해서 밟도록 강요한 그림인데, 나무판에 동판으로 된 예수상이나 예수와 마리아 모자상, 또는 십자가에 달린 예수상 등을 박아놓은 물건이다. 당시 이것을 밟기를 거부한 많은 사람들은 순교할 수밖에 없었다. 또한 그 배교자들은 한 번 후미에를 밟고 배교하였다고 하더라도 매년 한 번씩 키리시단들을 감시하던 부교소(奉行所)에 가서 후미에를 밟아야 했다. 엔도는 나가사키에서 보았던 후미에에 관하여 곳곳에서 언급하고 있는데, 그 예로 「한 장의 후미에로부터」라는 글에서 다음과 같이 언급하고 있다. "저녁 무렵, 고등학생들이 우왕좌왕하고 있는 옅은 어둠의 관내에서 꼼짝 않고 서 있었던 후미에 자체 때문이 아니라, 그것을 둘러싸고 있는 나무에 검은 발자국의 흔적이 있었기 때문이었다. … 우선 저 검은 발자국의 흔적을 후미에 주변의 판에다가 남겼던 사람들은 어떤 사람들이었을까 하는 것이었다. 그리고 두 번째로는, 그들이 그 발로 자신이 믿고 있는 자의 얼굴을 밟을 때 어떠한 심정이었을까 하는 것이었다."

을 밟는 행위가 배교의 표시로 사용되었는데, 만일 로돌리꼬 신부가 예수상을 밟기만 한다면 이미 잡혀 들어가 고초를 당하고 있던 여러 신도들의 목숨을 구하게 해준다는 사실에 신부는 번민으로 밤을 꼬박 새운다.

마침내 사랑을 위해서라면 예수라도 배교할 것이라는 속 깊은 확신을 얻게 된 신부는 담담하게 예수상 위로 그의 흙 묻은 발을 올려놓는다. 베드로의 부인처럼 닭이 울고, 남들이 배교라고 손가락질했을 그 행위를 통해 신부는 역설적으로 종교나 교회, 그리고 어쩌면 순교보다 더 귀중한 체험을 하게 된다.

신부가 흙 묻은 발바닥을 예수의 얼굴 위에 올려놓은 순간, 거듭된 순교의 사건 중에서도 침묵하던 예수의 음성이 그의 마음속 깊은 곳에서 들려온다. "밟아라, 밟아도 좋다. 네 발 속의 극진한 아픔을 나만은 이해한다."

로돌리꼬는 후미에의 그리스도의 얼굴과 대면함으로써 그의 그리스도상이 '아버지 종교의 그리스도'로부터 '어머니 종교의 그리스도'로 전환되었음을 느낀다. 이것은 서구적인 눈으로 본다면 배교라고 할 수 있다. 그러나 "나는 전향하였다. 그러나 주여, 내가 주를 버린 것이 아니라는 것을 당신만은 알고 계십니다"라는 로돌리꼬의 독백처럼 비록 후미에를 밟았지만 그리스도를 버린 것은 아니었다. 김영민은 이러한 『침묵』을 주변성의 철학을 밝히는 등불로 이해하며 다음과 같이 이야기한다.

"인간들의 아집과 독선을 잠시 유예시키고, 그 유예의 틈으로 드러난 신의 음성을 통해서 순교와 배교라는 대화합의 경지를 『침묵』

은 감동적으로 증거 한다. … 이 경지는 금세기의 후반을 현란하게 장식한 차이와 주변성의 철학을 밝히는 등불이 될 수 있을 것이다. 이 경지는 철학을 앎의 일종으로 여겼던 전통을 마감시키고, 성숙과 깨침을 통해 차이와 주변을 받아들이는 지혜의 원형으로 삼는 새로운 전통을 열 수 있을 것이다."[345]

앎, 즉 인식의 사유는 보는 것(eye)으로 시작되며 보는 주체인 'I'는 'eye'의 또 다른 이름이다. 그러나 인식론과 존재론으로 구축된 서구의 사상사는 'I'의 'eye'로 비(非)와 타(他)와 반(反)을 배제하고 지기 정체성에 필요한 것들만 보아온 역사이다. 따라서 'I'가 'eye'를 통하지 않고 'You'를 통한 성숙과 깨침이 윤리학적 통찰로서- 존재론보다 나이가 많은 가능해야 하는 것이다.

여하튼 성화를 밟지 않으면 살아날 수 없었던 약자와 약충(弱虫)들에게 비쳤던 그리스도의 얼굴은 어떠하였을까 하는 문제, 즉 배교했던 키리시단(그리스도인)들에게 있어서 그리스도는 어떠한 얼굴이었을까 하는 문제가 바로 『침묵』의 주제인 것이다. 그리고 이런 점에서 엔도의 '어머니 종교로서의 그리스도'는 어느 정도 정토교적인 이미지를 담고 있다. 정토교는 해탈에 이르는 수행을 단지 염불을 통해 이룰 수 있다는 것인데, 이것은 약한 이들인 민중들의 연약함을 전제하지 않고는 이루어질 수 없기 때문이다.

이러한 대조의 극치는 아버지 종교로서의 그리스도를 따르는 로돌리꼬 신부의 처음의 모습, 즉 스승 페레이라 신부의 배교하라는 설득을 거절하고 순교하기로 결심하고 결국 나가사키로 끌려가는 도중 자신이 예루살렘에 입성하는 그리스도와 같은 온화한, 그러면서도 자

---

345) 김영민·이왕주 편, 『소설 속의 철학』(서울: 문학과 지성사, 1997), 232쪽.

긍심을 잃지 않은 얼굴을 하고자 애쓴 모습과 나중에 고문을 받는 일본인 신도의 목숨을 구하기 위해, 페레이라가 말한 '지금까지 아무도 하지 못한 가장 괴로운 사랑의 행위'를 하기 위해 후미에를 밟는 모습에 잘 나타나 있다. 대조하기 위해 같이 인용하기로 한다.

"미소를 입가에서 지워버리지 않으려고 신부는 굳게 결심하였다. 나귀에 태워져서 자기는 지금 나가사키의 거리를 걷는다. 나귀에 태워져 그 분도 예루살렘의 거리로 들어왔다. 욕설과 모멸에 견디는 얼굴이 인간의 표정 중에서 가장 고귀하다는 것을 그에게 가르쳐준 것은 그분이다. 지금이야말로 자기도 최후까지 이 표정을 갖고 싶다. 이 얼굴은 이방인 가운데에서의 그리스도 신자들의 얼굴이라고 신부는 생각했다."346)

"새벽의 희미한 빛. 빛은 노출된 신부의 닭처럼 가느다란 목과 쇄골(鎖骨)이 드러나 있는 어깨에 비쳤다. 신부는 두 손으로 성화를 들어 올려 얼굴에다 갖다 댔다. 수많은 사람들의 발에 짓밟힌 그 얼굴에 자기 얼굴을 대고 싶었다. 목판 속의 그분은 수많은 사람들에게 짓밟힌 탓으로 마멸되고 오그라든 채 신부를 슬픈 눈초리로 바라보고 있었다. 그 눈에선 진성 한 방울의 눈물이 흘러 떨이길 것만 같았다. '아'하고 신부는 떨었다. '아프다.' … 신부는 발을 올렸다. … 자기는 지금 자기 생애 가운데서 가장 아름답다고 여겨온 것, 가장 성스럽다고 여겨온 것, 가장 인간의 이상과 꿈으로 가득 차 있는 것을 밟는다. 이 발의 아픔. 이때 밟아도 좋다고 목판 속의 그분은 신부를 향해 말했다. 밟아도 좋다. 네 발의 아픔은 바로 내가 가장 잘 알고 있다. 밟아도 좋다. 나는 너희들에게 밟히기 위해 이 세상에 태어나, 너희들의 아픔을 나누어 갖기 위해 십자가를 짊어졌던 것이다. 이렇게 해서 신부가 성화에다 발을 올려놓았을 때 아침이 왔다. 닭이 먼 곳에서 울었다."347)

이렇게 그리스도의 얼굴이 영웅적인 남성의 이미지에서 여성적인

---

346) 遠藤周作・김윤성 역, 『沈黙』(서울: 바오로딸, 1973), p.247.

347) Ibid., p.265.

이미지로의 변화를 통해 예수는 다음과 같이 묘사된다.

> "그는 나사렛의 조그만 거리의 가난함과 비참함 속에서 살아가는
> 서민의 삶을 알고 있었다. 매일 매일의 양식을 얻기 위한 땀 냄새
> 도 알고 있었다. 생활 때문에 어찌할 수 없는 인간의 약함도 터득
> 하고 있었다. 병자나 불구자들의 탄식도 보고 있었다. 사제나 율법
> 학자가 아니라, 이들 서민들이 구하는 신은 노여움, 탄식, 벌하는
> 신만이 아니라고 그는 예감하고 있었다. … 마침내 그가 갈릴리 호
> 반 언덕에서 사람들에게 들려준 인자한 어머니 같은 신의 모태가
> 되는 것이기도 했다."[348]

밝힘이 밝혀주는 까닭은 내 안의 타자의 흔적을 받아들인 주체성
에 의해 가능하다. 그 타자의 흔적을 추구하고, 동시에 자아의 소멸을
통한 주체의 감금은 흔적을 통해 등록가능하며, 따라서 흔적의 공간
안에서 자기 소멸의 위치를 표기하는 십자가가 새겨져 있는 것이다.

목하, 밟힘이 밝혀주는 것이다.

4) 흔적의 격상, '타자본위(Altarity)'로 드러나다

수학의 집합론에서 '부류의 부류의 부류의…(class of class of class…)'
와 같이, 혹은 '요원의 요원의 요원의…(element of element of element o
f…)'와 같은 '…의 시리즈(of-series)'를 만들어 가면, 부류의 시리즈이든
요원의 시리즈이든 그 상향과 하향은 끝이 없게 된다. 이것을 철학적
으로 비유하자면 상향은 '이데아의 이데아의…'와 같은 제3의 것이
계속해서 존재해야 하는 요청을 하게 되는 것이며 반면 하향은 무정

---

348) 김승철, 「엔도 슈사쿠의 작품세계와 동양신학」, 『복음과 세계』, 제7집, 부산신학대학, 1997, p.140.

부 상태를 만들게 된다.

불교에서는 이러한 부류의 부류의 부류… 시리즈가 만들어져 '이데 아'나 '신' 같은 존재가 만들어지는 오류를 '상주의 오류(常住의 誤謬, fallacy of eternalism)'라고 하며, 요원의 요원의 요원의… 시리즈가 만들어져 무정부주의적 상태에 빠지는 오류를 '단멸의 오류(斷滅의 誤謬, fallacy of annihilationism)'라고 한다.

사실 불교의 깨달음이란 결국 이 두 악순환의 오류에서 벗어나자는 것이다. 즉 전자는 공(空)에 빠지는 오류이고, 후자는 색(色)에 빠지는 오류이다. 결국 불교는 공즉색(空卽色), 색즉공(色卽空)으로써 이 양대 오류를 벗어나려 했던 것이다.[349]

흔적의 사유가 단멸과 상주의 오류를 벗어나려면 흔적이 격상되어야 한다. 시스템 속에 있는 기원의 기원을 추구하는 것, 혹은 시스템이 없는 기원의 기원, 흔적의 흔적을 추구하는 것은 혹시혹비(或是惑非) 공에 빠지거나 색에 빠지는 오류가 되기 쉽기 때문이다. 그렇다면 흔적의 격상은 색과 공이 만나는 '시/공점(時空點)',[350] 초월성과 내재성, 나아가 내재된 주관성 상호 간에 관계되는 것으로 이루어지지 않을까?

색은 자신의 질료를 흔적에 남김으로 공으로 향하며 공은 자신의 형상을 흔적에 남김으로 색에게 만남의 접촉점을 제공하는 것이다. 물론 객관성의 내재화를 통해 초월적 가치관의 육화로 윤리적 근거는 정언명령을 갖게 되며, 또한 주관성의 소멸로 드러나는 관계성은 자기 비움의 관계론적 윤리의 근거가 된다.

---

349) Kim, Sang-Ⅲ, *Korean Transformation of Buddhism in the Seventh Century*(Claremont: Claremont Graduate School, 1982), p.104; 김상일, 「퍼지논리와 불교의 因明論理」, 『한신논문집』 제11집, 한신대학교, 1994, p.136 참조.

350) 시간의 만남, 공간의 접촉을 합쳐서 이렇게 부르기로 한다.

이러한 인식론적인 장소의 이해와 더불어 신체성의 차원에서 다시금 살펴보자. 레비나스에게 있어서 나와 타자의 '평등적·대칭적 관계' 속에서는 성립하지 않는 이러한 윤리적 관계는 테일러에게 있어서 윤리적 명령의 무조건성으로 타자가 나보다 높은 곳에 있다는 '비대칭적 관계'를 좀 더 선명하게 '타자본위(Altarity)'라는 신조어로 잘 표현하고 있다. 타자의 흔적이 타자본위를 통해 격상되는 것이다.

테일러에 따르면 타자본위는 데리다의 차이(différence)와 차연(différance)의 관계처럼 타자성(Alterity)[351]과 타자본위(Altarity)로 유비되는 신조어이다. 그리고 그 의미는 '높은 장소'를 뜻하는 라틴어 altāre에서 파생된 altar(제단)와 타자성의 조합으로 독특한 주체인 타인을 우선시하는 '타자성과 제단'의 겹쳐짐이다.[352]

이러한 테일러의 타자본위라는 생각은 레비나스의 윤리적 무조건성을 뜻하는 인간 상호관계의 높은 곳으로의 고양처럼 타자와 동일자의 새로운 관계 정립을 보여준다. 그리고 아브라함이 모리아 산으로 향했던 그 여정처럼 자아의 물음이 높은 곳, 제단에 위치한 타자로 나아가 신으로 향할 수밖에 없는 우리의 여정을 잘 말해 주고 있는 것이다.

그러나 타자본위는 아브라함과 신의 계약처럼 신이 발하는 합리적인 명령(살인금지 같은)을 배반해야만 한다. 지젝은 이를 프로이트의 『토템과 터부』, 『모세와 일신교』를 분석하며 '실재적 아버지의 몰락'으로 설명하며 신 살해를 좀 더 깊이 있게 다루고 있다. 그러나 타자

---

351) 라틴어로 alteritatem이 타자(otherness), 상이점(diversity)을 뜻하기에 테일러는 alterity를 타자성으로 사용한다.(AT., ⅹⅹⅰⅹ)

352) AT. ⅹⅹⅷ-ⅹⅹⅰⅹ. 최병학, 「타자본위(Altarity)윤리의 새로운 지평」, 『倫理敎育硏究』 제4輯, 한국윤리교육학회, 2003 참조.

의 등장이라는 측면에서 본다면 지젝의 해석과는 다르게 풀어볼 수 있을 것이다. 무한한 타자의 그 음성에 응답하는 것은 합리적인 명령을 넘어서는 그 어떤 것이기도 하기 때문이다. 그렇다면 윤리의 딜레마는 이렇게 반복되는 운명을 갖고 태어난다. 따라서 모리아로의 여정은 아브라함의 운명처럼 신의 흔적을 타자본위를 통해 가름하는 것이다.[353]

데리다를 따르며 흔적을 불교적인 사유와 접목하여 관계론적으로 이끌고 있는 테일러에 의하면 해체신학은 주체[354]를 실체적으로 파악하지 않고 항상 변천하는 관계의 복합적인 특징으로 파악한다. "주체는 생성하는 상호작용이다. 이러한 관점에서 표면상으로 원초적인 주체는 우연한 놀이 안에서 효과적으로 사라진다."[355] 따라서 자아는 고독한 개인으로 존재하는 것이 아니라 자기 자신과 관계하는 것이다. 그리고 자아가 맺는 것은 타자와의 관계이다. "주체는 … 고립된 모나드(monads)가 아니라, 항상 호혜적으로 연결된다."[356] 따라서 신의 죽음은 유일한 개인과 초월적 자아의 상실을 표시한다. 고독한 자

---

353) 모리아 산 사건을 바라보는 키에르케고르의 실존적인 시각은 다르다. 그는 이 사건을 윤리와 종교적인 차원으로 구분하여 설명하고 있는데, 사실 아브라함이 이삭을 제단에 바치는 일은 윤리적으로는 살인행위이나 종교적으로는 하나님께 제물을 바치려는 행위이다. 바로 이 모순 속에 사람을 불면에 빠뜨릴 수 있는 불안이 있다. 그리고 이 불안이 없다면 아브라함은 이미 성서 속의 아브라함이 아닐 것이다. 아브라함의 불안은 윤리적인 것과 종교적인 것, 곧 보편자와 단독자가 서로 모순 대립되는 갈등에서 비롯되는 것이다.(표재명, 『키에르케고르의 단독자 개념』(서울: 서광사, 1992), p.95. 아브라함은 개별자로서 사회나 국가의 이념보다 높이 있다고 믿는 하나님과의 절대적인 관계를 위해 윤리적인 보편과 충돌하고 종교적 신앙을 선택한 것이다. 이는 '윤리적인 것의 목적론적 정지'를 뜻한다.(Ibid., pp.95-100) 그리고 이것은 윤리적인 불안도 궁극적으로는 해결해준다. 그러나 생각해보자. 이삭에게 신의 흔적이 육화되었다면 이삭마저 타자본위로 비대칭적 관계의 대상이 되는 것이다. 이는 고대 근동의 자녀 살해라는 제도를 없애기 위한 성서의 이야기로 신학적으로 풀이하면 간단한 문제지만, 아무튼 실존을 고민하는 키에르케고르와 관계성을 고민하는 이 글이 갈라지는 점은 바로 이 점이다.

354) 테일러는 주체(subject)와 자아(self)를 동일한 의미로 사용한다.

355) ER., 133.

356) ER., 134.

아에 대하여 단어의 무한한 놀이 내에서 새겨지는 것은 죽음이다. 이러한 죽음으로서 단어의 산종은 모든 중심을 활동케 하며 모든 주관을 비중심화하는 메타포이다.

이처럼 해체된 주체는 다양하게 변천하는 관계의 중심에 위치해 있어서 관계의 연결망으로 서로 교차하는 선과 부호와 전선들의 짜임에 의하여 형성되는 것이다.[357] 그러므로 언어는 서로 엮어진 차이의 끊임없는 놀이로 해석되는 것이며 주체는 비실체화(desubstantialize)되고 탈개인화(deindividualize)되는 것이다. 여기서 주체는 언어 속에 새겨진다. 그런 의미에서 주체는 언어의 기능이라 말할 수 있다. 그리고 탈개인화된 주관은 상호관계적이고 상호의존적이다.[358]

자기동일적인 자아의 사라짐은 동시에 차이의 영원한 놀이에 의하여 형성되고, 훼손되고, 재형성된 주체의 출현인 것이다. 그리고 테일러에 의하면 이러한 출현의 표시는 흔적이다. 즉 표시하는 것은 흔적을 남기는 것이다.[359]

흔적은 자신을 남기면서 자신을 지운다. 흔적은 생명을 기록 속에 새겨두면서도 피라미드처럼 죽음의 집을 짓는다. 흔적은 다른 것과의 차이와 동시에 그 다른 것을 여운으로 간직하고 있는 데서 생긴다. 그리고 글자는 흔적에서 온 것이다. 따라서 주체도 흔적이다. 주체성도 흔적의 남김이다. 자아는 본래적으로 관계적인 것이라면 흔적은 동일성과 차이성, 현전과 부재가 반복적으로 서로 만나는 장소를 표시하는 교차(cross)에 의하여 표상될 수 있다.

---

357) ER., 135.
358) ER., 135.
359) ER., 137.

따라서 항상 변천하는 관계 속에서 지속적으로 한가운데 있는 흔적은 불가억압적으로 제한되고 항상 방황한다. 흔적은 근접, 직접성, 현전이라는 단어가 의미하는 것을 수수께끼로 만든다. 그러면서 흔적은 전통적으로 해석된 존재론적 자아의 종말을 표시한다.

또한 흔적은 현존하는 것이 아니나, 그렇다고 없는 것도 아니다. 흔적은 무가 아니다. 흔적은 현전과 부재의 대립을 넘어서 있다. 흔적은 자신을 지우면서 다른 것을 지시한다. 이 세상에 모든 것은 현존적 존재의 실체가 아니고 각인이 찍혀 있음의 연쇄요 체계일 뿐이다.[360]

각인이 찍혀있음은 다른 것과의 관계 속에서 자기일 수밖에 없다. 저작 속에 새겨진 흔적의 놀이는 순수한 자아 동일성의 만족이 도달할 수 없도록 만드는 원래의 차이를 드러낸다. 조화로운 기원이란 모든 것 속에 실제로 내재한 긴장을 설명하기 위해 창조된 환상으로 밝혀진다.[361] 따라서 "기원의 소멸은 동시에 끝의 '끝'이다."[362] 이러한 기원의 소멸에서 모리아의 여정은 타자 앞에서 신을 위한 타자본위인 것이다.

---

360) ER., 138.
361) ER., 155.
362) ER., 155.

Ⅴ. "흔적은 신체성과 장소의
공간을 지닌다"

그림자와 발자국은 우리 인간의 흔적이다. 그림자가 존재의 저편363)을 암시한다면, 발자국은 존재의 현시364)이다. 물론 여기서 흔적은 신체성과 장소의 공간을 지닌다. 서론의 문제설정에서 윤리가 해명될 장소는 이러한 흔적에서 해명이 될 것이며, 의식과 무의식, 사이버스페이스와 현실 모두를 포함하는 실재계에서 흔적은 상상계의 도덕 해체와 상징계의 '제국의 도덕'을 가로지르는 것이다. 테일러의 사상은 이러한 흔적에 대한 사유의 풍성함을 가져다준다.

그의 사상은 전기의 해체주의 사상과 중기의 포스트모던 전반에 나타난 종교의 의미와 사이버스페이스 존재론, 그리고 후기의 복잡성 이론을 통한 문화 전반적인 현상 연구로 나누어 볼 수 있다. 전기가 헤겔, 키에르케고르, 데리다 등의 서구 사상가와 용수와 교토학파 간의 대화를 통해 포스트모던 무/신학을 드러낸다면 중기의 사상은 문학, 건축, 미술, 예술 등의 문화 전반을 거쳐 사이버 영지주의를 다루며 기존 존재론과 인식론의 영역에서 새로운 영역을 개척하고 있다. 그리고 후기에 와서는 복잡성의 원리를 통해 카오스의 사유를 모색하는 듯하다. 그러나 전기와 중기, 그리고 후기를 계속해서 잇고 있는 사상의 틀거리는 흔적이다.

---

363) 현상계를 넘어 있는 저편으로 비유한다면, 무의식이나 사이버스페이스 등.
364) 의식이나 현상계의 흔적.

흔적이라는 메타포가 존재론적인 신체성과 인식론적인 장소의 영역에서 사상사와 문화사를 가로지름을 본문을 통해서 살펴보았는데, "방황은 끝없다"[365]는 테일러의 말처럼 해체주의는 헤어 나올 수 없는 미로 속에서 끝임 없이 방황하는, 경계를 넘는 가로지르기의 사유이다. 존재의 한계를 철폐시키고, 타자로의 끊임없는 연기 사슬 속으로 끝없이 방황하는 것이다. 다시 말하면 신과 타자의 흔적을 타자본위로 추구하는 것이다. 그렇다면 윤리와 도덕을 말한 바 없는 테일러를 윤리학자로 해석하는 것도 가능할 것이다.

신의 죽음, 역사의 종말, 책의 닫힘, 자아의 소멸, 그 결론은 신은 글쓰기로 산종되며, 역사는 방황으로, 책은 텍스트로, 자아는 흔적으로 대체된다. 이러한 해체주의 신학은 전통 신학의 개념들을 하나의 의미론적 현상으로 환원시키고 있으며 이 하나의 의미론적 현상도 일의적 의미를 가지는 것이 아니라 다양하고 애매하며 끊임없이 표류하는 현상으로 보고 있다.

따라서 여기에서는 모든 목적과 구원을 기대할 수 없으며 디오니소스가 그리스도의 자리에 오르게 되는 것이다. 그리고 이 디오니소스적 그리스도의 성육신은 산종을 통해 단어의 구현, 즉 글쓰기에서 드러난다. 즉 글이란 신의 길이다. 신의 길이란 반복적인 단어의 무한한 유포이며 여기서 인격적 신은 하나의 해체론적 의미의 현상으로 환원된다.

이러한 해체론적 의미의 현상으로 환원된 후 드러나는 흔적, 그 관계망 속의 흔적은 하나의 의미라는 고정된 주체성을 넘어 상호 텍스트성인 연기의 관계망 속에 새로운 관계론으로 성립되며 신체성과

---

365) ER., 184.

장소에 기반을 둔 실재계의 윤리로 드러난다.[366]

흔적 연구의 사상사에서 플로티노스는 흔적을 존재를 설명하는 방식으로 한정하였는데, 즉 일자의 흔적으로만 존재하는 것으로 협소화했다. 그러나 레비나스는 플로티노스에게서 흔적 개념을 빌려와 좀 더 확장시킨다. 즉 서양의 형이상학이 오랫동안 집착해왔던 '존재'를 '흔적'이라고 명명하며, 이러한 존재의 흔적됨을 자각한다면 무한의 지평이 열리고 폭력이 제거된다고 말하고 있다.

그리고 데리다에 와서는 이러한 흔적의 논리는 현전의 논리를 대신한다. 희랍철학과 기독교가 짝을 지은 세계관이 존재신학적 세계관인데, 이러한 존재신학의 잔재로서 현전이란 하나의 허구이다. 즉 자기 동일성은 신화요, 존재신학의 부산물로서 허구인 것이다. 그래서 흔적이란 비(非)현재적인 것이 현재적인 것 인에 스미어 들어가 있는 삼투(滲透)이며, 의식의 내면성이 바깥세계의 것과 직물짜기를 하고 있는 것이다.

테일러는 이러한 흔적을 좀 더 구체적으로 다룬다. 즉 흔적은 '외면성의 개방이고, 사랑 있는 자의 타자에 대한 불가사의한 관계이고, 내면의 외면에 대한 관계'로서 설명한다. 여기에는 존재의 타자와의 관계적 측면을 보여주는데, 즉 흔적의 공간 안에서 자아 소멸의 위치를 표기하는 십자가가 새겨져 있다는 것이다. 이는 텅 비고 꽉 찬 장소를 뜻하며, 밝혀서 밝혀주는 종교적 역설(paradox)로 드러난다. 곧 타자본위로 흔적이 격상되는 것이다.

---

366) 또한 이 책에서는 다루지 못하여 차후의 과제로 남겨두지만, 흔적은 사이버스페이스 존재론과 무의식의 영역, 나아가 로봇공학에서도 어쩔 수 없이 드러난다. 따라서 포스트모던 시대에 신체성과 장소에 기반을 둔 실재계의 윤리는 흔적으로 드러날 수밖에 없는 것이다.

이처럼 플로티노스의 일자를 다시금 흔적의 사유, 그 토대에 불러내고, 레비나스가 '자연주의적 오류'를 넘어 윤리학을 '신성함(la saintet)'으로 '죽일 수 없음'의 성격을 표현하여 타자의 얼굴은 온전하게, 신성하게 있다고 말하는 관계성을 접목하여, 데리다를 따라 끝없는 차연의 글쓰기에 던져놓는다면[367] 해체 신학을 통하여 흔적의 윤리성을 구상할 수 있는 것이다. 이러한 흔적의 윤리성을 무와 텅 비고 꽉 찬 장소, 외파와 이미지 등으로 문화 전반에 '흔적화'시켜 보았지만 결론에서는 그 윤리적 함의로 두 가지로 설정하여 보자.

먼저 흔적의 윤리성은 초월성의 내재성으로 존재한다. 이는 객관성의 내재화를 통해 초월적 가치관의 육화의 형태로 존재하기에 이제 윤리적 근거는 정언명령을 갖게 된다. 초월의 내재성은 헤겔이 세계정신으로 시도한바, 그 정신을 현실적 형태인 국가, 표상적 형태인 종교, 개념적 형태인 철학에 변증법적 자기발전으로 나타난 바 있으나,[368] 자기중심적 동일성의 산물임을 넘어서지는 못하며 플로티노스 역시 계층 간의 위계서열이 존재한다는 한계가 있다. 따라서 흔적 개념을 확장하여 이사무애법계(理事無礙法界)[369]의 차원으로 전환한다면 그 윤리성은 명백할 것이다. 이는 알렙 'A'를 전칭부정인 'E'로

---

367) 본문에 유비하듯 에쁘롱. 다른 곳. 시네퐁주의 에크리튀르처럼

368) "철학은 사상으로(inGedanken) 파악되어 있는 그 시대이다" (G. W. F. Hegel, *Philosophie des Rechts*, S.16 김균진,『헤겔과 바르트』(서울: 대한기독교서회, 1991 4판), p.101에서 재인용.) 라는 말이 이를 뒷받침한다. 사실 헤겔의 입장에서 보면 기독교의 하나님은 숨어 계신 하나님(Deus absconditus)이 아니라, 계시된 하나님(Deus revelatus)이다. 그리고 이 계시는 흔적으로 드러나는 것이다.

369) 이해를 쉽게 하기 위해 불교적인 용어와 유비한 것이다. 까르마 츠앙은 이사무애법계를『華嚴哲學』에서 다음과 같이 말한다. "이것은 리(理)와 사(事)가 불가분의 단일체라고 하는 경계이다. 이곳에 나타나는 하나의 구체적인 사건(事)은 어떤 추상적 원리(理)의 표현이며, 원리(理)는 현현하는 사건(事)의 증거가 된다. 이 경계에서는 하나가 없이는 다른 것도 무의미해질 것이며, 理와 事는 함께 있음으로써 더욱 의미있는 개념이 된다." 까르마 츠앙, 이찬수 역,『華嚴哲學』(서울: 경서원, 1990), pp.221-222.

전환시키는 것이다.[370]

사실 인식불가능으로 윤리적 정언명령을 신으로 향했던 칸트와 달리 정신(세계이성)으로 인륜성을 끌어낸 헤겔을 따른다면 모든 사회 구성원들에게 공정하게 적용될 수 있는 '공동의 도덕성'으로서 인륜성의 토대는 헤겔이 말한바, '그 자체로 존재하는 객관적 정신' 즉 절대정신이다.

이 절대정신은 역사, 사상의 흐름을 이끌어내는 '끊임없이 변화되어 가는 절대적 존재'라면 이성으로 파악되기보다는 흔적으로 파악될 때 윤리적 타당성을 가진다. 곧 절대정신의 육화로서 흔적은 존재론적 사실로 당위를 이야기할 수 있게 되는 것이다. 존재로서 타자의 드러남을 알 수 있는 것은 타자의 획득이 아니라, 타자의 흔적을 통해 가능하다. 가령 사냥감이 남긴 흔적을 좇는 사냥꾼처럼 타자는 우리에게 흔적만을 남긴다.

두 번째 흔적의 윤리적 함의는 주체의 소멸로 드러나는 관계성으로 관계적 윤리를 이끌어내는데, 불교의 절대무(絶對無)로 유비해 볼 수 있다. 즉 일자 유출의 견지에서 영혼과 물질의 이분법은 허물어지는데, 이러한 이분법, 가령 영혼과 물질 사이에 그어진 수직선, 그것을 허무는 것이다. 곧 영혼과 물질, 의식과 무의식, 현실과 사이버스페이스, 인간과 동물, 나아가 로봇에 이르기까지

"이분법적으로 나누는 선(線)이 없는 사유, 그것은 … 절대무를 궁

---

370) 이러한 관점에서 흔적(trace)을 혼적(魂迹, trece)으로 시도한 글로는 다음을 참조하라. 최병학, 「A→E로 가는 해체의 흔적, 혹은 흔적의 윤리」, 『대동철학』 제26집, 대동철학회, 2004.

극적 실재로 보는 불교의 실재 이해의 핵심이다. 따라서 이러한 대
립의 근원적인 해체는 (*실재를 로고스 자체로서의 초월자에 의지
해서 설명하지 않고*) 근원적인 상호 연관성에서 봄으로써 실재를
무수한 중심으로 해체시키는 불교의 연기(緣起) 사상에서 가능한
것이다."371)

　　테일러도 언급한바, 연기 사상은 존재에 관한 다원적 표현이다. 즉
연기는 만물이 상관관계 속에 있다는 자각, 그 이상도 이하도 아니다.
이처럼 만물이 서로 절대적인 상대성 속에 존재한다는 것은 나의 존
재는 타자의 흔적과 동시에 타자는 나의 존재의 흔적으로 불가분의
관계가 있음을 이야기하는 것이다.

　　"사물은 이 절대적인 상대성 속에서 상대적인 절대성을 지닌다. 왜
　　냐하면 각각의 사물은 모든 다른 사물과 연관관계를 맺음으로써 그
　　들을 존재하도록 만들기 때문이다. 각 사물의 절대성은 그러므로 타
　　자 속에 있다. 그래서 연기는 연기-공으로도 표현되는 것이다."372)

　　이것은 주체의 소멸로 드러나는 관계성으로 자기 비움의 관계론적
윤리의 근거가 될 수 있는 것이다. 또한 '내재성-내재성' 간에 흔적을
가짐으로 사사무애법계(事事無礙法界)373)를 실현하며 '자기중심적 동

---

371) 김승철, 「붓타는 책과 각주들의 반란」, 『해체적 글쓰기와 다원주의로 신학하기』(서울: 시공사, 1998),
　　pp.52-53. ( )의 이탤릭체는 흔적의 윤리적 함의 첫 번째 의미를 부정하기에 ( )로 처리한다. 흔적화시
　　키는 것이다. 초월의 내재가 흔적의 첫 번째 의미이기에 김승철의 절대무 이해를 좀 더 확장하는 것이다.

372) 김승철, 「붓타는 책과 각주들의 반란」, p.53.

373) 까르마 츠앙은 다른 세 가지 법계인 사법계, 이법계, 이사무애법계가 단지 事事無礙法界에 접근하기 위
　　한 설명적 방편일 뿐이라고 말한다. "그것들에는 독립적 실재나 실체가 없다. 사실상 존재하는 유일한
　　법계는 사사무애법계이며, 그 차원에서의 일체의 개별적 事는 理의 도움 없이 다른 모든 事 속으로
　　자유롭게 들어가고 융섭한다"(까르마 츠앙, 이찬수 역, Op. cit., p.235). 중요한 것은 화엄사상은 현재와
　　과거와 미래가 서로 구별 없이 무차별적으로 융통한다는 가역적 시간관에 기초하고 있다는 사실이다.
　　(Steve Odin, *Process Metaphysics and Hua-yen Buddhism: A Critical Study of Cumulative Penetration vs.
　　Interpenetration* (New York: Suny Press, 1982), pp.25-26.) 즉 화엄사상의 관계론은 모든 존재자가 무
　　차별하게 서로 내적으로 영향력을 행사한다는 것이다. 흔적의 존재론적 근거를 화엄과 유비하면 이해가
　　쉬울 것이다.

일성'을 해체하며 만유의 관계성으로 진행될 것이다. 윤리적 당위는 이러한 자기중심적 동일성의 해체에서, 그 정당성을 확보하는 것이다.

정리하여 보자. 테일러도 인용한 '나의 언어는 나의 눈물'[374]이라는 사무엘 바게트(Samuel Beckett)의 말은 이렇게 변용될 수 있다. "나의 언어는 나의 흔적이며, 흔적의 눈물이 너의 존재이다." 더 나아가 윤리학적으로 "신의 눈물은 존재의 타자본위이며 윤리의 언어는 해체주의의 도전을 받아들인 후 신과 존재와 타자의 관계를 상상계의 도덕 해체와 상징계의 제국의 도덕을 가로지르는 것이며 여기서 신은 다만 흔적으로 산종된 것이다."

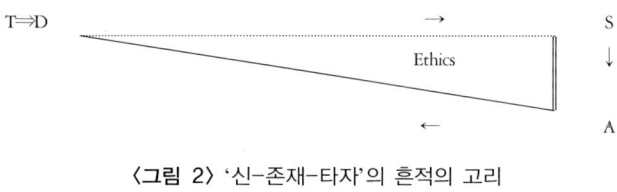

〈그림 2〉 '신-존재-타자'의 흔적의 고리

따라서 해체 신학에서 '산종된 신-존재-타자'가 <그림 2>[375]처럼 삼각형의 시스템 속에 윤리라는 언어/행위적 관계로 연결된다면 우리의 윤리학은 존재론은 물론 인식론과 규범학의 자리를 마련하게 되는 것이다.

주체 안의 타자의 흔적을 통해서 성립된 주체는 자아의 소멸로써 기능하며 동시에 주체는 타자의 흔적으로 존재한다. 더불어 타자는

---

374) TE에서 재인용.

375) 'T⇒D'는 산종된 신, S는 존재, A는 타자이며 점선과 실선, 두줄선은 각각 그 흔적의 농도를 뜻하고(중요한 것은 타자와 신과의 농도가 존재와 신보다 짙다는 것이다) 화살표는 타자본위의 방향을 의미한다.

또한 나의 흔적이며 타자됨의 기능은 주체의 흔적화에서 가능한 것
이다. 이러한 관계성을 야기하는 자기 비움의 관계론적 윤리는 '만유
위에서', '만유 안'으로 '만유를 통하여' 존재하는 일자의 운동성이며
신의 흔적에서 타자의 흔적에로, 나아가 글쓰기에서 기표의 흔적으로
무의식의 영역에까지 미친다.

　따라서 윤리는 상상계의 도덕 해체이거나 상징계의 '제국의 윤리'
가 아니라, 규정되어지지 않는, 규정될 수 없는 실재계인 만물 '위/안/
봉하여' 흔적을 추구하는 것이다. 그때 윤리는 포스트모던 해체주의
시대에 인식론적, 존재론적 타당성을 확보할 것이다. 곧 사이버스페
이스, 무의식과 후기 생물사회를 살아가는 인류에게 드러나는 구체적
인 실재를 그 해명의 장소로 가지는 것이다. 아래는 토마스 머튼
(Thomas Merton)이 인용한 『장자』 31편[376]이다. 실재계는 흔적의 그늘
속에 가만히 앉아 있었으나, 우리는 왜 그리도 상상계와 상징계를 달
렸었는지…

> 자신의 그림자가 방해되고 자신의 발자국이 기분 나빠,
> 그 둘을 없애버리기로 작정한 사람이 있었다.
> 그렇지, 그 둘로부터 도망치는 거야.
> 벌떡 일어난 그는 달리기 시작했다.
> 그러나 발을 떼어놓을 때마다 다른 발자국이 생기고
> 전혀 힘도 들이지 않고 그림자는 계속 따라왔다.
> 느리게 달려서 그런 거야.
> 그래서 그는 쉬지 않고 더 빨리 달렸고 마침내 쓰러져 죽었다.
> 그가 몰랐던 것은 무엇이었을까.
> 그가 그늘 속으로 들어갔더라면 그림자는 사라졌을 것이고
> 가만히 앉아 있었더라면 더 이상 발자국이 생기지 않았을 것이다.

---

376) Thomas Merton, *The Way of Chuang-Tzu*(New York: New Direction, 1965), p.155.

참고문헌

(1) Mark C. Taylor의 저서

Mark C. Taylor, *About religion*(Chicago: The University of Chicago Press, 1999).

_____, *Altarity*(Chicago: The University of Chicago Press, 1987).

_____, *Critical terms for Religious studies*(Chicago: The University of Chicago Press, 1998).

_____, ed. *Deconstruction in Context; Literature and Philosophy*(Chicago: The University of Chicago Press, 1986).

_____, *Deconstructing Theology*(The Crossroad Publishing Co. & Scholar Press, 1982).

_____, *Disfiguring: Art, Architecture, Religion*(Chicago: The University of Chicago Press, 1994).

_____, *Erring: A Postmodern A/theology*(Chicago: The University of Chicago Press, 1984).

_____, *Grave Matters*(Reaktion Books, Junn 2002).

_____, *Hiding*(Chicago: The University of Chicago Press, 1997).

_____, *Imagologies-Media philosophy*(New York: Routledge, 1994).

_____, *Journey to selfhood: Hegel and Kierkegaard*(California: University of California Press, 1980).

_____, *Nots*(Chicago: The University of Chicago Press, 1993).

_____, *Tears*(New York: State University of New York Press, 1990).

_____, *The moment of complexity*(Chicago: The University of Chicago Press, 2001).

_____, *The Picture in Question*(Chicago: The University of Chicago Press, 1999).

_____, "The End(s) of Theology", *Theology at the End of Modernity*, Sheila Greeve Davaney et.(Philadelphia: Trinity press, 1991).

(2) Mark C. Taylor 관련 국내 논문

강태원, 「탈근대적 신학적 담론 연구: Mark C. Taylor의 '비/신학'에 대한 소론」, 감리교신학대학교 신학대학원 2002년 석사학위논문.

김승철, 「무주와 방황: 즉비의 논리와 해체의 신학」, 『종교신학 연구』 8집, 서강대 종교신학 연구소, 1995.

김영한, 「해체주의 신학과 개혁신학」 I, II, 『기독교사상』 1995년 8-9월호.

위거찬, 「해체주의와 신학: M. C. Taylor의 신학을 중심으로」, 『명지전문대학 논문집』 제19집.

정성수, 「Mark C. Taylor의 해체신학에 관한 비판적 소고」, 감리교신학대학교 대학원 1997년 석사학위논문.

최병학, 「신 죽음의 해석학과 수육된 말씀으로서 글쓰기: Mark C. Taylor의 해체신학의 철저기독론적 재구성」, 한신대학교 신학대학원 1998년 석사학위논문.

한인철, 「포스트모던 신학 서론」, 『세계의 신학』, 98년 봄호.

(3) 국내 저서(번역본 포함)와 논문, 신문

加藤尚武, 『20世紀の思想』(東京: PHP研究所, 1997), 표재명・황종환 역, 『20인의 현대철학자』(서울: 서광사, 2003).

기독교서회, 『그리스도교대사전』(서울: 대한기독교서회, 1972).

김경재, 『해석학과 종교신학』(천안: 한국신학연구소, 1994).

김균진, 『헤겔과 바르트』(서울: 대한기독교서회, 1991 4판).

김병태, 「Plotinus의 一者와 流出에 관한 연구」, 계명대학교 대학원 미간행 석사학위논문, 대구 1984.

김상일, 「퍼지논리와 불교의 因明論理」, 『한신논문집』 제11집, 한신대학교, 1994.

김승철, 『대지와 바람』(서울: 다산글방, 1994).

_____, 「동양신학과 탈식민지적 글쓰기」, 『오늘의 문예비평』 통권 17호, 책읽는 사람, 1995.

_____, 「불타는 책과 각주들의 반란」, 『해체적 글쓰기와 다원주의로 신학하기』(서울: 시공사, 1998).

_____, 「非・反・他의 해체로서의 지구화와 동양사상」, 『기독교사상』 3월호

(서울: 대한기독교서회, 1994).

_____, 「무주와 방황-즉비의 논리와 해체의 신학-」, 『종교신학 연구』 8집, 서강대 종교신학 연구소, 1995.

_____, 『DNA에서 만나는 신과 인간』(서울: 동연, 2002).

김연숙, 『레비나스 타자윤리학』(고양: 인간사랑, 2001).

김영민, 「네 이웃의 차이를 네 몸과 같이 사랑하라- 엔도 슈사쿠의 '침묵'」, 김영민·이왕주 편, 『소설 속의 철학』(서울: 문학과 지성사, 1997).

김영철, 「플로티노스 사상의 윤리학적 고찰」, 『대동철학』 제27집, 대동철학회, 2004.

김용규, 「지젝의 판타지 이론과 윤리적 행위」, 『대동철학』 23집, 대동철학회, 2003.

김형효, 『데리다의 해체철학』(서울: 민음사, 2001).

그레고리 플랙스먼 엮음, 박성수 역, 『뇌는 스크린이다-들뢰즈와 영화철학』(고양: 이소출판사, 2003).

남경태, 「자크 데리다」, 『한눈에 읽는 현대철학』(서울: 광개토, 2001).

리처드 커니, 김재인 외 역, 『현대사상가들과의 대화』(서울: 한나래, 1998).

문성원, 「유물론의 전회? ― 우발성과 이미지, 그리고 타자」, 『대동철학』 24집, 대동철학회, 2004.

박동환, 『안티호모에렉투스』(강릉: 길, 2001)

박봉랑, 『신의 세속화』(서울: 대한기독교출판사, 1990).

박성수, 『들뢰즈』(서울: 이룸, 2004).

배국원, "경계를 넘어 해체하자", 강봉균·박여성·이진우 외, 『越境하는 지식의 모험자들』(서울: 한길사, 2003).

배철영, 「(추상적) 한국화의 문법(1): '정신성'의 의미」, 『大同哲學』 23집(부산: 大同哲學會, 2003).

변선환, 「야기 세이이찌의 聖書解釋學과 禪佛教 II」, 『신학과 세계』 제15호, 감신대출판부, 1987.

서동욱, 『차이와 타자』(서울: 문학과 지성사, 2000).

스즈키 다이세쓰, 강영계 역, 『에크하르트와 禪』(서울: 主流一念, 1982).

슬라보예 지젝, 김종주 역, 『실재계 사막으로의 환대』(고양: 인간사랑, 2003).

_____, 최생열 역, 『믿음에 대하여』(서울: 동문선, 2003).

아베 마사오, 변선환 엮음, 「니시다 철학의 장소사상」, 『선과 종교철학』(서울: 대원정사, 1996).

알랭 바디우, 이종영 역, 『윤리학』(서울: 동문선, 2001).

앨런 메길, 정일준·조형준 역,『극단의 예언자들: 니체, 하이데거, 푸코, 데리다』(서울: 새물결, 1996).

遠藤周作, 김윤성 역,『沈黙』(서울: 바오로딸, 1973).

윤종범,「모리스 블랑쇼의 문학비평 연구」,『어문학연구』, 상명여자대학교, 1995.

윤평중,「탈현대와 철학적 지평의 확대」,『철학과 현실』 가을호, 철학문화연구소, 1990.

와쓰지 데쓰로우, 박건주 譯,『풍토와 인간』(서울: 장승, 1993).

움베르토 에코·카를로 마리아 마르티니, 이세욱 역,『무엇을 믿을 것인가』(서울: 열린책들, 1999).

이강서,「일자(一者)와의 합일(合一) HENOSIS」,『철학과 현실』 겨울호, 철학과현실사, 1995.

이왕주,「영상시대의 존재전략」,『지성과 윤리』(고양: 인간사랑, 2000).

이정우,『접힘과 펼쳐짐』(서울: 거름, 2000).

조규홍,「플로티노스와 후기 모더니즘: 삼위일체론(三位一體論)과 다원론(多元論)」,『시간과 영원 사이의 인간존재』(서울: 성바오로, 2002).

조지 길더, 박홍식 역,『텔레코즘』(서울: 청림출판, 2004).

존 카스터, 김동광·손영란 역,『복잡성 과학이란 무엇인가』(서울: 까치글방, 2000 초판 2쇄).

질 들뢰즈·펠릭스 가타리, 이정이·윤정임 역,『철학이란 무엇인가?』(서울: 현대미학사, 1995).

최명관,『論理學槪論』(서울: 숭전대학교출판부, 1985).

최병학,「對位倫理의 모색(Point·Nonpoint·Counterpoint)」,『倫理敎育硏究』제2輯, 한국윤리교육학회, 2002.

_____,「차이와 윤리」,『倫理敎育硏究』제3輯, 한국윤리교육학회, 2003.

_____,「타자본위(Altarity) 윤리의 새로운 지평」,『倫理敎育硏究』제4輯, 한국윤리교육학회, 2003.

_____,「흔적의 윤리-밟힘과 밝힘」,『哲學硏究』제90집, 대한철학회, 2004.

_____,「A→E로 가는 해체의 흔적, 혹은 흔적의 윤리」,『대동철학』제26집, 대동철학회, 2004.

크리스티나 하베를리크, 안인희 역,『20세기 건축』(서울: 해냄, 2002).

까르마 츠앙, 이찬수 역,『華嚴哲學』(서울: 경서원, 1990).

표재명,『키에르케고르의 단독자 개념』(서울: 서광사, 1992).

프리드리히 니체, 강수남 역,『권력에의 의지』(서울: 청하, 1990 3쇄).

하인즈 키멜레, 박상선 역, 『데리다』(서울: 서광사, 1996).

한정선, 「흔적과 차연의 형이상학—레비나스 그리고 데리다」, 『神學과 世界』, 감신대학교출판부, 1994.

홍윤선, 『딜레마에 빠진 인터넷』(서울: 굿인포메이션, 2002).

고병권, 문턱에 좌절하는 사람들, ≪한겨레신문≫ 2004년 4월 19일 '야! 한국사회' 「디지털 상형문자 전성시대」, ≪동아일보≫ 2004년 7월 6일.

(4) 국외 저서와 논문

Alenka Zupančič, *Ethics of the Real*, 이성민 역, 『실재의 윤리-칸트와 라캉』(서울: 도서출판 b, 2004).

Emmanuel Levinas, *Autrement qu'être au-delà de l'essence, Otherwise than Being or Beyond Essence* trans. by Alphonso Lingis, (Dordrecht: Kluwer Academic press, 1974).

_____, *De l'existence à l'existant*, 서동욱 역, 『존재에서 존재자로』(서울: 민음사, 2003).

_____, *En Découvrant l'existence avec Husserl et Heidegger*(Paris: J. Vrin, 1982).

_____, *Ethique et infini*, 양명수 역, 『윤리와 무한』(서울: 다산글방, 2000).

_____, *Le temps et l'autre*, 강영안 역, 『시간과 타자』(서울: 문예출판사, 1996).

_____, *Totalité et Infini*(la Haye: Martinus Nijhoff, 1961).

Gilles Deleuze, "Nomad Thought", *in The New Nietzsche: Contemporary Styles of Interpretation*, ed. D. B. Allison(New York: Dell, 1977).

Gilles Deleuze & Felix Guattari, *A Thousand Plateaus: Capitalism and Schizophrenia* (Minnesota University Press, 1987 〔1980〕), 김재인 역, 『천개의 고원』(서울: 새물결, 2002).

_____, *L'anti-Oedipe: Capitalisme et Schizophrénie*, 최명관 역, 『앙띠 오이디푸스』(서울: 민음사, 1995).

Hans Moravec, *Mind Children: The Future of Robot and Human Intelligence*(Cambridge: Harvard Univ. Press, 1990).

_____, *Robot: Mere Machine to Transcendent Mind*(Oxford: Oxford Univ. Press, 2000).

J. Lacan, *Ecrit: A selection*, translated by A. Sheridan(New York: W.W.Norton, 1997).

_____, "Kant with Sade" trans. by James B. Swenson Jr. *October* 51(1989).

J-P. Sartre, *L'être et le néant*(Paris: Gallimard, 1995).

Jacques Derrida, *différance*, 김보현 편역, 「차연」, 『해체』(서울: 문예출판사, 1996).

_____, *EPERONS, LES STYLES DE NIETZCHE*(Paris: flammarion, 1978), 김다은 · 황순희 역, 『에쁘롱, 니체의 문체들』(서울: 동문선, 1998).

_____, *Heidegger et la guestion*(Paris: Galilée, 1987).

_____, *La Voix et le phénomène*(Paris: P.U.F., 1967).

_____, *L'AUTRE CAP*(Paris: Les Edition de Minuit, 1991), 김다은 · 이혜지 역, 『다른 곶』(서울: 동문선, 1997).

_____, *La Dissemination*(Paris: Seuil, 1972).

_____, *Positions*, trans. by Alan Bass(Chicago; The University of Chicago, 1981).

_____, *Signéponge*(Paris: Editions du Seuil, 1988), 자크 데리다, 허정아 역, 『시네퐁주』(서울: 민음사, 1998).

_____, trans. David Wills, *The Gift of Death*(Chicago: University of Chicago Press, 1995).

_____, *Writing and Difference*, trans. by Alan Bass(Chicago: The University of Chicago Press, 1978).

J. Habermas, *Der philosophishe Diskurs der Moderne*(Frankfurt a.M., 1985).

James Redfield, "The Sense of Crisis", in *New View of the Nature of Man*, John R. Platt, ed(Chicago: University of Chicago, 1965).

Janiffer J. Cobb, *Cyberspace: The Search for in the Digital World*(New York: Crown Pub. Inc., 1998).

Jean Baudrillard, *simulation*, 하태환 역, 『시뮬라시옹』(서울: 민음사, 1992).

Julia Kristeva, *Semeiotikè: Recherches pour une sèmanalyse*(Paris: Seuil, 1969).

Kim, Sang-Ill, *Korean Transformation of Buddhism in the Seventh Century*(Claremont: Claremont Graduate School, 1982).

Leitch, Vincent B, *Deconstructive criticism: A Advanced Introduction*, 권택영 역, 『해체비평이란 무엇인가』(서울: 문예출판사, 1993).

M. Blanchot, *Celui qui ne m'accompagnait pas*(Paris: Gallimard, 1953).

_____, *L'Entretien infini*(Paris: Gallimard, 1969).

Manfred Buhr · Alfred Kosing, *Kieines Wörterbuch der marxistisch-leninistischen Philosophie* 한국철학사상연구회 편역, 『철학소사전』(서울: 동녘, 1990).

Plotinus, *The Enneads*, trans. Stephen Mackenna(Oxford: Great Britan at the University Press, 1969).

S. Žižek: *A critical Introduction*(Cambridge: Polity, 2003).

_____, *The Ticklish Subject: The Absent Centre of Political Ontology*(London/New York:

Verso, 1999).

＿＿＿, *The Sublime Object of Ideology*(London: Verso, 1989).

T. Altizer, *The Self-Embodiment of God*(New York: Harper& Row, 1977).

Thomas Merton, *The Way of Chuang-Tzu*(New York: New Direction, 1965).

W. Beierwalters, *Platonismus und Idealismus*(Frankfurt a.M. 1972).

(5) 인터넷 문서

배국원, 「사이버스페이스의 기독교적 의미」
(http://www.sutra.re.kr/chjeon/seminar/2000/0041.htm)

이동연, 「라캉의 유혹: 라캉 언어모델과 기표의 좌절」,
(http://blog.naver.com/lyricism72.　do?Redirect＝Dlog&Qs＝/lyricism72/80003376479)

http://www.chosun.com/bin/printNews?id＝200101070250

http://www.daniel-libeskind.com

http://www.frontlist.com/detail/0226791181

http://www.frontlist.com/detail/0226791319

http://www.frontlist.com/detail/0226791335

http://www.frontlist.com/detail/0226791599

http://www.frontlist.com/detail/0226791629

http://www.hani.co.kr/section-001007000/2004/10/001007000200410051843180.html

http://www.iartyou.com/discourse/2001sp/lee_03.htm

http://prelectur.stanford.edu/lecturers/eisenman

http://www.williams.edu/mtaylor

(6) Essays and Articles(by M. Taylor)*[377]

"Aesthetic Education: Hegel and Kierkegaard," Psychiatry and the Humanities, ed. Joseph Smith, vol. 6, New Haven: Yale University Press, 1980.

"Altizer's Originality," Journal of the American Academy of Religion, Vol. LII, no. 3, pp.569-584.

---

* 인용되지 않은 테일러의 논문들은 아래에 흔적을 남긴다.

"Archetexture of Pyramids," Assemblage, Winter, 1987, pp.16-27.

"Cartographer of Religious Experience: Richard R. Niebuhr's Experiential Religion," Union Seminary Quarterly Review, vol. XXX, no. 1, Fall 1974, pp.15-28.

"Caught in the Net," interview, Metroland, August 15, 1996, pp.9-19.

"Communication Shakedown," interview, Metroland, no. 766, June 23, 1994.

"Deadlines: Approaching Anarchetecture," Threshold Vol. IV, Spring, 1988, pp.20-27.

"Deconstruction: What's the Difference," Soundings, vol. LXVI, no. 4, Winter, 1983, pp.387-403.

"Denegating God," Critical Inquiry, vol. 20, no. 4, Summer 1994, pp.592-610.

"Descartes, Nietzsche, and the Search for the Unspeakable," New York Times Book Review, February 1, 1987.

"Designing the Simcit," ANY, December, 1993.

"Desire of Law/Law of Desire," Cardozo Law Review, Vol. 11, 1990, pp.1601-1606.

"Dialectics and Communication: Hegel and Kierkegaard," Proceedings of International Kierkegaard Symposium, University of Aarhus, 1979.

"Discrediting God," Journal of the American Academy of Religion, Summer 1994, Vol. LXII, no. 2, pp.603-623. Reprinted. Intelligente Environment, ARS Electronica, ed. Karl Gerbel, Peter Weibel(Linz: PVS Verleger), 68-83.

"Eisenman's Coup," Progressive Architecture.

Excerpts in National Humanities Center Newsletter, vol. 5, no. 1, pp.24-29.

"Foiling Reflection," Diacritics, Vol. 18, no. 1, Spring, 1988, pp.54-65.

"Future Perfect: Tense," with Jose Marquez, Style, Vol. 33, No. 3, Summer 1999, pp.300-308.

"How the World Became a Real Fake," Log for Architecture, 2003.

"In Defense of Marriage," American Ecclesiastical Review, vol. 167, no. 3, March 1973, pp.164-177.

"Imagologies and other philosophical conversations," Mass Humanities, Winter, 1997.

"Instituting the Virtual," interview with Richard Fitch, Cultural Values, 1999.

Interview, "Det kommunikative intellekt," Morgenbladedt, June 8, 1995.

Interview, Newsline(Columbia University School of Architecture), November, 1994.

Interview, Seulemonde, December, 1994.

Interview with Lloyd Steffen: "A Postmodern Ethic? The Case of Deconstruction," Religious Humanism, Vol. xxvii, no. 1, Winter 1993, pp.3-9, 24-25.

"Ironies of Deconstruction," The Book Review, Los Angeles Times, July 31, 1988, p.11.

"Itinerarium MentisinDeum: Hegel's Proofs of God's Existence," The Journal of Religion, vol. 57, no. 3, July 1977, pp.211-231.

Japanese Translation, Shiso, August, 1983, pp. 1-20.

"Journeys to Moriah," Harvard Theological Review, vol. 70:3-4, 1977, pp.305-326.

"Kierkegaard as a Theologian of Hope," Union Seminary Quarterly Review, vol. XXVIII, no. 3, Spring 1973, pp.225-233.

"Kierkegaard on the Structure of Selfhood," Kierkegaardiana, vol. 9, 1974, pp.84-101.

"Knowledge: Becoming or Unbecoming?", Kongress der internationalen Gesellschaft fur Dialektische Philosophie-Societas Hegeliana, eds. H. H. Holz and J. Manninen, Vol. IV.

"La Denegation de Dieu"

"Language, Truth, and Indirect Communication," Tijdschrift voor Filosofie, vol. 37, no. 1, March 1975, pp.74-88.

"Letter from Paris," ANY.

"Letter from the Desert," ANY, March, 1994.

"Letting Go," The Berkshire Eagle, November 12, 1990.

"Love and Forms of Spirit: Kierkegaard vs. Hegel," Kierkegaardiana, vol. X, 1977, pp.95-116.

"Marking the Body, Blurring the Boundaries," Chronicle for Higher Education, December 8, 1995, p B60.

"Masking: Domino Effect," Journal of the American Academy of Religion. Contribution to Symposium on Erring: A Postmodern A/Theology, Vol. LIV, no. 3, Fall 1986, pp.547-555.

"Morphing Gods," with Michael Brown, Wave, no. 7, January 1995, p.104.

"Non-Negative Negative A/theology," Diacritics, Winter, 1990.

"Of Space, Time, and God's Transcendence," Iliff Review, vol. XXXI, no. 1, Winter 1974, pp.25-40.

"On Being Odd," Social Epistemology.

"Politics of Theory," Journal of the American Academy of Religion, Vol. LIX, no. 1, pp.1-37.

"Psychoanalytic Dimensions of Kierkegaard's View of Selfhood," Philosophy Today, vol. 19, no. 3/4, Fall 1975, pp.198-212.

"Realizing Virtuality," Graven Images, vol. 2, 1995, pp.211-221.

"Reflections on Skin," Columbia Documents on Architecture and Theory, vol. 6, pp.13-18.

"Uberlegungen zur Haut," ARCH+: Zeitschrift fur Stadtebau Design, December 1995, p.113.

"Revolution and Expectation," Religion and Society, vol. VI, no. 2, April 1973, pp.17-21.

"Rhizomic Folds of Interstanding," Tekhnema, vol. 2, Spring 1995, pp.24-36.

"Saving Art," Architecture and Urbanism, no. 225, December, 1991, pp.16-29.

"Seaming," Columbia Documents of Architecture and Theory, Vol. 5, pp.5-21.

"Seamy Architecture," ARCH+.

"Self and/as Other," Kierkegaardiana, Vol. XIII, 1984, pp.63-71.

"Sounds that Do not Let You Sleep," Los Angeles Times Sunday Magazine, June 15, 1986.

"Technologies of Education," Liberal Education, Fall, 1996.

"The Cutting Edge of Reason," Soundings, Vol. LXXI, no. 2-3, Summer/Fall, 1988, pp.315-327.

"The Eventuality of Texts," Semeia, Vol. 51, 1990, pp.217-240.

"The Nonabsent Absence of the Holy," Phenomenology and the Numinous, Pittsburgh: Duquesne University Press, 1987.

"The Anarchronism of A/theology," Religion and the Intellectual Life.

"Theologizing and Theological Education," Religious Education, vol. LXVII, no. 4, July-August 1972, pp.286-288.

"Time's Struggle With Space: Kierkegaard's Understanding of Temporality," Religion, vol. XLVI, no. 1, March 1978, pp.41-61.

"Toward an Ontology of Relativism," Journal of the American Academy of "Transgression," Les Cahiers de Philosophie, Vol. 8/9, Fall 1989, pp.349-390.

"Unsettling Issues," Journal of the American Academy of Religion, vol. LXII, no. 4, pp.949-963.

"Unsettling Architecture," Architecture and Urbanism.

"Updike's Protestant Heritage," Harvard Advocate, vol. CII, no. 3, Fall 1968, p.12ff.

"Useful Devils," EDUCAUSE.

최병학 ────────────────────────────────

‘생명이 생명답게 존중받는 하나님 나라’ 건설을 위해 실천하고 있는 저자는 신학과 철학, 문학과 영화, 윤리와 사상의 가로지르기를 위해 꾸준히 글을 써오고 있다. 현재 부산대학교 윤리교육과와 경성대학교 신학과에 출강하고 있으며 부산 항남교회 담임목사로 신학과 현장을 접목하는 목회를 하고 있다. 『영상시대의 종교와 윤리-타락을 통한 구원받기』(2002), 2004년 문화관광부 추천도서인 『현대사상과 영화이야기-지식인의 자기발견』(2003), 『포스트모던 시대의 문화윤리-답 없는 물음, 찾는 윤리』(2005), 『영화관에서 만난 현대신학자』(2006), 『대중문화와 윤리의 향연』(2011), 『성서로 본 동시대 인물』(2012), 『지, 정, 행 통합으로 그려보는 도덕이론가와 윤리사상가』(2012) 등의 저서가 있다.

자아의
소멸과
흔적의
윤리

초판인쇄 | 2012년 7월 27일
초판발행 | 2012년 7월 27일

지 은 이 | 최병학
펴 낸 이 | 채종준
펴 낸 곳 | 한국학술정보㈜
주   소 | 경기도 파주시 문발동 파주출판문화정보산업단지 513-5
전   화 | 031) 908-3181(대표)
팩   스 | 031) 908-3189
홈페이지 | http://ebook.kstudy.com
E-mail | 출판사업부 publish@kstudy.com
등   록 | 제일산-115호(2000. 6. 19)

ISBN   978-89-268-3642-2 93190 (Paper Book)
         978-89-268-3643-9 95190 (e-Book)